KB141827

마화텅과 텐센트 제국

마화텅과 텐센트 제국

초판 1쇄 발행 | 2016년 6월 30일

공저자 | 린쥔, 장위저우
번 역 | 김신디
펴낸이 | 김호석
펴낸곳 | 도서출판 린
편 집 | 박은주
교 정 | 손지숙
마케팅 | 이근섭, 오중환
관 리 | 김소영
주 소 | 경기도 고양시 일산동구 장항동 776-1번지 로데오 메탈릭타워 405호
전 화 | (02) 305-0210 / 306-0210 / 336-0204
팩 스 | (031) 905-0221
전자우편 | dga1023@hamnail.net
홈페이지 | www.bookdaega.com

ISBN   979-11-87265-05-4 04300
        979-11-87265-03-0 (세트)

〈사진 출처〉
연합뉴스, Wikimedia Commons(Joe.H.K. Egil, Jbmcgourlay, Wing1990hk, JesseW900, Yoshi Canopus)

마화텅과 텐센트 제국

THE TENCENT EMPIRE

차 례

1

마화텅은 누구인가?

　　마화텅(馬化騰)은 중국의 빌 게이츠로 불린다. 인터넷 업계에서 '공공의 적'으로 통하는 텐센트(tencent, 騰訊)는 마이크로소프트와 비슷하다. 텐센트의 제품은 기술 면에서 비록 최고는 아니지만 강한 점착력과 확장성이 특징적이다.

　　마화텅은 수줍음을 많이 타고 온화한 성격이다. 그러나 그는 불타는 열정과 필승의 신념, 원대한 포부를 가지고 있다. 그래서 빌 게이츠와 많이 닮았다는 평가를 받는다. 두 사람 모두 성공을 이루기 전에는 명철보신하며 조심스러운 모습을 보였지만, 성공한 후에는 그 무엇도 두렵지 않다는 식의 강한 면모를 과시했다.

오늘날 마화텅은 텐센트의 대표이사 및 CEO라는 지위에 앞서 최고 소프트웨어 설계자와 정신적 지도자라는 두 가지 캐릭터를 가지고 있다. 이 점도 퇴임 전의 빌 게이츠와 비슷하다.

선전 청년, 마화텅

마화텅은 1971년 10월, 광둥(廣東)성 차오산(潮山)에서 태어나

중국도시 선전의 아름다운 도시 야경

마화텅과 텐센트 제국

중국의 최남단 섬, 하이난(海南)에서 유년시절을 보냈다. 1984년, 13살이 된 마화텅은 부모님을 따라 선전(深圳)으로 이사해 그곳에 정착했다. 당시 마화텅은 중학교 2학년생이었다.

마화텅은 활기가 넘치는 선전에서 빛나는 학창시절을 보냈다. 그는 선전 최고의 중학교인 선전중학교를 다녔고 선전대학(深圳大學)에 입학하여 선전에 깊이 뿌리를 내렸다.

선전대학은 비록 명문대에 속하지는 않지만, 중국 경제특별구에 위치한 지리적 여건으로 선전과 함께 경이로운 발전을 보

● 마화텅의 고향, 선전

광둥성과 홍콩의 경계를 이루고 있는 도시로, 광둥성 남부 동쪽에 위치해 있다. 선전이라는 이름은 15세기에 처음 볼 수 있는데, 이 지역에 강과 호수가 많아 선전이라는 이름이 유래하였다고 한다. 항구도시라는 지리적 이점으로 중국 남송시대부터 해상무역이 발전하였고 주변 경관이 아름다워 관광산업도 발전하였다. 1980년 덩샤오핑이 개방정책을 추진하면서 중국에서 가장 먼저 경제특구로 지정되면서 근대적인 공업도시로 변신하였다. 가까이 있는 홍콩과 마카오의 영향으로 선전은 더욱 발전하게 되었다.

여주는 대학이었다. 불과 20여 년 사이에 선전대학은 수많은 상업계의 뛰어난 인재들을 배출해냈다. 특히 컴퓨터학과와 건축학과는 선전대학에서 가장 수준 높은 학과로 손꼽혔다. 선전 출신의 상업계의 큰 인물들 중 절반 이상이 전자 컴퓨터와 부동산 업계의 인물들이다. 천문학에 남다른 애착을 갖고 있던 마화텅은 컴퓨터에 대한 뜨거운 열정과 지칠 줄 모르는 노력에 힘입어 텐센트사와 더불어 인생의 대성공을 이끌어냈다.

홍콩과 마카오와 인접해 있는 항구도시로 유명한 선전항

마화텅과 텐센트 제국

전국을 선도한 선전 인터넷

13살 때 선전으로 이주한 마화텅은 약 30년의 세월을 선전과 함께했다.

마화텅이 중국 인터넷 업계에서 가장 큰 영향력을 행사하는 리더가 된 것은 선전과 밀접한 관련이 있다. 그가 오랜 시간 동안 선전에서 생활하고 사업한 것이 영향을 미쳤기 때문이다.

당시, 차이나 텔레콤(中國電信)은 선전을 최초의 인터넷 접속 교점으로 삼고 홍콩, 마카오로의 수출을 진행하고 있었다. 선전이 인터넷 분야의 전초지가 된 것은 홍콩, 마카오로의 수출과 큰 관련이 있다. 선전쉰예(深圳訊業) 등 중국 최초의 인터넷 서비스 공급업체를 제외하고도 중국 최초의 인터넷 커피숍, 최초의 BBS 등 많은 '최초'의 기록들이 선전에서 탄생했다.

선전은 원래 홍콩과 마주 보는 자리에 위치한 작은 어촌에 불과했다. 그러나 1979년 중국이 개혁개방 정책을 실시하면서 선전에는 큰 변화가 일어나기 시작했다. 1996년부터 차세대 선전 이민이 성장하기 시작했고 1995~1996년까지 선전에는 훌륭한 인터넷 환경이 만들어졌다. 이것은 향후 선전의 인터넷 사업이 전국을 선도하는 데 튼튼한 기반이 되었다.

선전은 한발 앞선 산업 환경, 개방적인 도시의 분위기와 혁신적인 마인드를 갖춘 인재풀, 인접한 홍콩의 자본시장 등의 우위적 요소를 고루 갖추고 있었다. 이것은 마화텅의 텐센트사가 선전이라는 천혜의 땅에서 수많은 정기를 흡수할 수 있도록 하였고 향후 텐센트사의 발전에 탄탄한 토대를 마련해 주었다.

룬쉰(潤訊) 엔지니어

1993년, 선전대학을 졸업한 마화텅은 1,100위안의 급여를 받는 조건으로 룬쉰에 취직했다. 중국인들은 '무선 호출기' 하면 룬쉰을 떠올린다. 무선 호출기는 중국이 통신설비 중 가장 먼저 개방한 제품으로, 룬쉰은 바로 이 무선 호출기 시장의 기회를 잡아 거액의 매출을 창출했다. 당시 룬쉰의 연간 수입은 20억 위안에 달했고 수익률은 30퍼센트를 웃돌았다. 룬쉰은 선전에서 최고의 직원 복지를 자랑하는 회사로 이름이 높았다. 룬쉰은 90년대 초에 이미 매일 2만 명의 직원들에게 '무료 급식'을 제공하는 꿈의 직장이었다.

2014년 11월 중국 동남부의 저장성 퉁샹시에서 열린 세계 인터넷 회의에 참석한 마화텅
▷출처: 연합뉴스

　　마화텅은 룬쉰의 흔하디흔한 일반 엔지니어에 불과했다. 그러나 룬쉰에서의 근무 경력은 마화텅의 시야를 넓혀주었고 기업 경영에 대해서도 가르쳐주었다. 이와 동시에, 룬쉰은 텐센트사에 최초의 고객자원을 제공했다. 마화텅이 텐센트를 설립할 당시 가장 먼저 시작한 제품이 바로 호출기 교환국에 부대서비스를 제공하는 것이었다. 마화텅은 중국 내에서 가장 유명한 호출기 업체인 룬쉰에 근무하면서 전국의 호출기 교환국과 인맥을

쌓았다. 이러한 인맥을 바탕으로 마화텅의 신규 사업은 순항을 계속할 수 있었다.

부드러운 스타일의 리더

마화텅의 성격은 침착하고 온화하다. 마화텅은 절대 화를 내는 법이 없으며 선비 기질이 다분하다. 그는 한 걸음 한 걸음 착실하게, 자신만의 계획에 따라 침착하게 움직인다. 텐센트사는 비교적 자유분방한 관리체제를 가지고 있어서 철저한 상하 관계나 강력한 규칙을 강요하지 않고 서로 편하게 지낸다. 마화텅의 영문 이름인 'Pony'는 '망아지'라는 뜻인데 직원들은 스스럼없이 마화텅을 'Pony'라고 부른다.

자제력이 강하기로 유명한 마화텅은 주변 사람들이 의견 차이로 다툴 때면 항상 중재자의 역할을 하기도 한다.

중국 IT 업계의 다른 리더들과 비교해 보면 마화텅은 아주 '특별한' 경우이다. 그는 절대로 잡지의 표지 모델로 나서지 않으며 TV와도 담을 쌓고 산다. 마화텅에 대한 인터뷰 프로그램은 거의 없고, 그에 대한 이야기는 모두 풍문으로만 떠도는 것들이 많아서 사실무근으로 일단락되는 경우가 많다. 이러한 마화텅의 스타일 때문에 그가 이끄는 그룹 역시 선동적이지 않다. 사실상, 텐센트사는 제품 혁신 면에서 많은 성과를 거두었지만 대외적으로 홍보를 많이 하지 않는 탓에 '표절대왕'으로 몰리기가 일쑤다. 하지만 실제로는 그렇지 않다.

마화텅은 유명세를 탄 후에도 여전히 매스컴의 인터뷰를 멀리했다. 설령 인터뷰에 응한다고 해도 대부분 기업을 대표한 공적인 행사의 필요에 의해서였다. 이를 테면 창업 초기 QQ와 미국 ICQ의 분쟁, 도메인 풍파와 로고 변경 등 중대 사건이 일어났을 때이다. 텐센트사가 상장된 후 마화텅은 잠깐 동안 매스컴에 얼굴을 내비쳤지만, 이 역시 대부분 일반적인 기업의 필요에 의한 공적인 활동으로 파격적으로 언론을 타기 위한 움직임은 거의 없다.

그러나 마화텅은 겉으로 보이는 조신한 행동에 비해 마음속에는 불타는 열정을 지니고 있다. 그는 천문학적인 숫자에 이르는 QQ 사용자 수를 기록한 사업 성과에 전혀 만족하지 않았고, 가상거래 서비스를 통한 혁신성에도 안주하지 않았다. 이러한 불타는 열정으로 마화텅은 레저 게임 시장에서의 독보적인 우위를 점하고, 대중적인 게임 시장을 공략하였으며, 포털사이트와 온라인 경매 분야에도 진출하는 등 모든 방면을 아우르는 QQ 제국을 수립했다.

마화텅은 일에 대해서는 누구보다도 요구 조건이 많고 까다롭지만, 인간으로서의 초심을 잃지 않고 항상 겸손하고 점잖다는 평가를 받는다.

● 텐센트의 창조적 모방

텐센트의 첫 작품인 QQ의 원래 이름은 OICQ였다. 이 OICQ가 이스라엘의 기술자들이 만든 메신저 ICQ에게 저작권 침해 소송을 당하자 이름을 바꾼 것이다. 사실 QQ는 이름만 비슷한 것이 아니라 ICQ를 모방하여 만든 것이었다. 텐센트는 다른 경쟁사의 제품이나 서비스를 모방하여 성공했다는 비판을 받아 왔으며 마화텅 또한 모방을 부정하지 않는다. 중요한 것은 텐센트의 제품은 경쟁사의 제품을 단순히 모방하는 것이 아니라 고객의 취향에 맞게 바꾸어 창조적으로 모방하는 것으로 평가된다는 점이다.

QQ를 통해 인생의 반쪽을 찾다

마화텅은 자타가 공인하는 인터넷 중독자이다. 오늘날의 QQ 전성시대는 초창기 사용자들이 무한한 애정을 가지고 열심히 사용해 준 덕분에 이루어졌다. 마화텅은 사용자 체험을 가장 중요시하며 자신이 직접 사용자가 되어 프로그램을 체험한다. 텐센트사의 대표이사 겸 CEO로 바쁜 일정을 소화하고 있는 지금도 마화텅은 매일 한 시간씩 웹서핑을 즐기며 사용자들의 피드백에 귀를 기울이고 직접 체험을 통하여 프로그램을 점검한다.

마화텅은 QQ 메신저를 통해 인생의 반쪽을 찾은 능력자이기

QQ 메신저 화면. 처음 등록할 때 나오는 화면이다.

도 하다. 마화텅의 QQ 연애사에는 여러 가지 이야기가 전해진다.

그중 한 가지 이야기는 다음과 같다. 텐센트사의 상장을 앞두고 마화텅은 투자자들을 상대로 QQ에 대하여 설명하는 로드쇼를 펼쳤다. 그는 직접 자신의 QQ에 로그인하며 투자자들에게 QQ에서의 친구 찾기 방법을 보여주었다. 이것이 운명적인 만남의 시작이 되었다. 3개월 후, 마화텅은 로드쇼를 벌이면서 우연히 찾은 친구와 온라인으로 소식을 주고받다가 직접 만나게 되었다. 그 친구는 중국 서북지역에서 태어나 수도 베이징에서 직장생활을 하고 있었다. 이 인터넷 친구는 나중에 마화텅의 아내가 되었고 이제는 두 아이의 어머니가 되었다.

마화텅의 QQ 연애사에는 또 다른 이야기도 있다. 텐센트 홍콩 지사의 한 직원이 연수차 선전에 왔는데 QQ를 사용할 줄 몰랐다고 한다. 마화텅은 이 직원에게 QQ로 친구 찾기 방법을 보여주기 위하여 자신의 QQ에 로그인했고, 자신의 QQ를 추가할 수 있도록 친구 추가 제한을 풀었다. 바로 이때, 한 네티즌이 마화텅을 친구로 추가했다. 이 일이 계기가 되어 마화텅이 그 사람과 만나게 되면서 나중에 둘이 결혼했다는 설이 있다.

두 가지 이야기를 잘 살펴보면 발단은 마화텅이 서로 다른 상황에서 타인에게 친구 추가 시범을 보여줄 때 우연히 시작된 것이지만, 온라인 교제, 오프라인 만남에 이어 결국 결혼까지 하게 되었다는 점에서 묘하게 겹친다.

텐센트사와 같은 중국의 인터넷 대부급의 창업자가 자사 제품을 매개물로 사랑을 찾았다는 이야기는 그 진실성 여부를 떠나 사람들의 이목을 끌기에 충분하다. 이것은 텐센트사의 홍보 효과를 놓고 볼 때에도 매우 훌륭한 소재이다. 그러나 텐센트사가 마화텅의 러브 스토리를 제품 홍보에 내세우지 않은 것 역시 마화텅의 성격과 관련된다고 생각할 수 있다.

이런 마화텅이 카메라 플래시 세례를 마다하지 않고 추진하는 유일한 사업이 바로 자선활동이다. 매번 자선 행사가 있을 때마다 매스컴에서 마화텅의 모습을 심심찮게 볼 수 있다. 마화텅은 〈One Fund〉 발기인 중의 한 사람으로, 영화배우 이연걸을 텐센트사에 초청한 적이 있다. 그 당시에 촬영한 몇 장의 뉴스용 사진은 온라인상에서 가장 많이 찾아볼 수 있는 마화텅의 사진이다.

2

마화텅의 파트너와 친구들

어떤 사람의 됨됨이를 알려면 그 사람의 친구를 보면 된다고 한다. 끼리끼리 모인다는 '유유상종'은 천년을 가도 변하지 않는 진리일 것이다.

친구 교제의 측면에서 보면, 마화텅은 업무 외적으로는 친구가 그다지 많지 않은 편이다. 그러나 마화텅에 대한 친구들의 도움과 지지를 생각할 때, 마화텅은 친구 복이 많은 행운아라고할 수 있다. 마화텅의 친구와 파트너들은 모두 그가 창업하고성장하는 과정에서 중요한 역할을 해왔다. 양적으로 풍부하지는 않지만 질적으로 뛰어난 마화텅의 친구 관계망은 그의 인생에 매우 중요한 계기를 부여했다.

CFido 상의 PonySoft

마화텅의 첫 번째 관계망은 CFido(Chinese Fidonet)이다.

CFido는 중국 Fido넷을 말한다. Fido넷은 초기 BBS 플랫폼
에 전화선을 이용하여 연결시킨 네트워크이다. 네트워크 사이는
점 대 점의 방식으로 메일을 주고받는데, 이런 방식의 네트워크
는 현재 우리가 잘 알고 있는 TCP/IP 프로토콜에 기반을 둔 인
터넷과 전혀 다른 세상이다. 'Fido'는 Fido넷 창업자가 기르던
애완견의 이름을 따서 지은 것이다.

마화텅은 초기의 CFido 마니아 가운데 한 사람이었다. 마화
텅의 아이디는 'Ponysoft'였는데 'Ponysoft'에서 'Pony'는 마화
텅의 영문 이름으로 'Ponysoft'는 '마화텅의 소프트웨어 플랫폼'
이라는 뜻이다. 마화텅은 자신의 이름을 넣어 지은 Ponysoft 플
랫폼에 각별한 애정을 가졌다. 그는 선전 현지의 신문에 투고하
여 CFido를 소개하기도 했다. 마화텅은 신문 기사를 통하여 자
신의 플랫폼이 선전 지역의 대표적인 플랫폼이라는 것을 교묘하
게 홍보했다.

1995년 3월에 오픈한 Ponysoft는 중국 내 최초의 4라인, 즉

4개의 전화선 플랫폼이다. 1995년, 전화선 하나의 신청 가격은 8,000위안대로 당시에는 어마어마한 금액이었다. 마화텅은 5대의 컴퓨터를 설치하고, 컴퓨터마다 전화선을 배치하여 플랫폼의 사용자들이 다이얼링 방식으로 접속할 수 있게 하였다. 그리고 한 대의 컴퓨터를 서버로 두고 나머지 4대의 컴퓨터를 연결하여 5대의 컴퓨터로 구성된 근거리 통신망(LAN)을 구축했다. 당시 컴퓨터와 전화선의 1차 투자금액은 5만 위안 정도였는데, 이 금액은 마화텅이 2년 동안 회사생활을 하면서 모은 재산 전부와 맞먹었다.

선전 CFido의 양대 산맥을 이루었던 리쭝화(李宗樺)와 마화텅은 한 회의에서 만나 국제 Fido와 CFido 사이의 차이점에 대해 의견을 나누었다. 그들은 인터넷 업계에서 아직 할 일이 많다는 데 의견을 같이했다. 두 사람은 초면임에도 불구하고 완전히 의기투합한 분위기였다. 그 후, 리쭝화는 Ponysoft 플랫폼의 관리 비밀번호 권한을 갖게 되었다. 그는 플랫폼 관리를 진행하면서 문제가 생길 때마다 마화텅과 힘을 합쳐 문제를 해결했다.

리쭝화는 마화텅과 함께 일을 하면서 자신과 마화텅이 서로 다른 부류의 사람이라는 것을 알게 되었다. 예를 들어 사용자 만남의 경우, 리쫑화는 일반적으로 기존 회원들의 만남 요청이 많았지만, 마화텅은 신규 회원들의 만남 요청이 많은 편이었다. 또 리쫑화는 사용자들과 채팅하며 이야기하는 것을 즐긴 반면에, 마화텅은 사용자들이 제기하는 플랫폼의 문제점에 귀를 기울이고 개선방안을 모색하기 위해 노력했다. 이 당시의 마화텅은 사용자 체험을 매우 중요하게 생각했는데, 이것은 향후 그가 성공가도를 달리며 승승장구하는 데 숨겨진 비밀무기로 빛을 발했다.

치우보쥔과 딩레이

CFido는 마화텅이 훗날 중국 하이테크 산업과 인터넷 업계의 거두로 성장한 인물들과 친분을 맺는 데 중요한 매개체 역할을 하였다.

그중 한 사람이 바로 치우보쥔(求伯君)이다. 치우보쥔이 살고 있는 주하이(珠海)는 선전과 바다를 사이에 두고 마주 보고 있는 곳이었다. 선전에서 근무한 경험이 있는 치우보쥔은 종종 선전

● 킹소프트의 수장, 치우보췬

치우보췬은 킹소프트(King soft, 金山)의 대표이사 겸 CEO이다. 1988년 설립된 킹소프트는 중국 최대 오피스 소프트웨어 업체로 오피스 소프트웨어 외에도 바이러스 백신, 게임 소프트웨어 등의 분야로도 확장되고 있다. 치우보췬은 "차분하게 성공을 맞이하라. 또한 침착하게 절망에 대처하라."라는 고대 중국 격언을 자주 인용하여 말한다고 한다.

킹소프트의 제품 공식 판매 사이트 화면

● 중국 IT 업계를 움직이는 딩레이

딩레이는 중국 IT 업계를 움직이는 거인들 중의 한 사람이다. 그가 1997년에 세운 넷이즈는 넷이즈닷컴(NetEase.com, 163.com)으로 중국의 포털사이트로 이름을 높이더니 현재는 중국 모바일 게임 1위 기업이라는 새로운 이름을 얻었다. 넷이즈는 구글이 발표한 가상현실 플랫폼의 첫 번째 협력 업체가 되었고 우리나라의 게임사와도 긴밀한 관계를 맺고 협력을 강화하고 있다.

항저우에 있는 넷이즈 본사 건물

에 왔다. 협객 기질이 다분한 치우보췬은 선전에 올 때마다 친구들과 파티를 즐겼는데, 당시 CFido 선전 최대의 BBS 관리자인 마화텅은 치우보췬이 자주 찾는 친구 중의 한 사람이었다.

마화텅이 CFido에서 친분을 쌓은 또 한 명의 인터넷 업계 거물이 바로 딩레이(丁磊)이다. 마화텅은 한 인터뷰에서 "딩레이는 창업 초기 나와 함께 맥주를 마시며 사업의 성공과 실패, 이익과 손해 이야기를 공유했던 단짝 친구이다."라고 언급한 적이 있다.

마화텅과 딩레이는 CFido 상에서 친분을 쌓았고 둘 다 IT 사업 배경을 갖고 있다. 딩레이가 무료 메일을 이용하여 가파른 성장세를 거듭하는 모습을 조용히 지켜보던 마화텅이 결국 텐센트 설립을 결심했다는 소문도 있다.

이러한 소문에는 믿을 만한 근거도 뒷받침된다.

텐센트는 설립 초기에 딩레이의 지원과 도움을 받았다. OICQ의 탄생은 딩레이와 밀접하게 관련되어 있다. OICQ는 원래 텐센트사가 광저우 텔레콤(廣州電信)의 인터넷 사용자들에게 제공하는 실시간 통신서비스였다. 이 오더를 확보하기 위하여 마화텅과 쩡리칭은 옛 친구인 넷이즈(NetEase)의 CEO 딩레이에

넷이즈가 운영하는 163.com의 화면.

게 도움을 청했다. 딩레이는 광저우 텔레콤과 줄곧 밀접한 관계를 유지해 오고 있었다. 광저우 텔레콤의 163.net의 무료 메일 시스템과 도메인은 모두 광저우 텔레콤이 딩레이에게 구매한 것이었다.

선전대 동문, 기술 천재 장즈둥

CFido를 제외하면 마화텅의 인맥 관계망은 동창생과 친구 위주로 구성된다.

마화텅은 오래전부터 스스로의 힘으로 회사를 설립하려는 꿈

마화텅과 텐센트 제국

을 갖고 있었고, 이 꿈을 실현하기 위하여 인맥을 통하여 적극적으로 협력 파트너를 물색했다. 마화텅이 초기에 물색한 협력 파트너가 바로 선전대 시절의 장즈둥(張志東)이다. 두 사람은 선전대 컴퓨터공학과 동창생이다.

장즈둥은 컴퓨터 천재라는 별명에 걸맞은 인재이다. 선전대 시절, 장즈둥과 마화텅은 모두 컴퓨터 기술이 뛰어났지만, 특히 장즈둥이 최고의 실력을 자랑했다.

1998년에 시작된 QQ의 구조 설계가 바로 장즈둥의 걸작이다. 그 후 많은 세월이 흘러 사용자 수가 설계 당시의 10만 명 단위에서 억대 단위로 증가했지만, 처음에 설계한 전반적인 구조가 여전히 적용되고 있다. 그야말로 불가사의에 가까운 경이로운 일이다.

장즈둥은 열린 사고를 가진 사람으로 늘 기술 향상을 위해 노력한다. 그는 기술을 통하여 사람들의 생활을 발전적으로 바꾸어 보려는 일념으로 사업에 임했다.

어느 날, 장즈둥은 고객의 네트워크 설치를 돕는 과정에서 그동안 미처 몰랐던 한 가지 점을 발견했다. 그것은 고객을 위해 네트워크를 완벽하게 설치해 주었지만 고객은 그중의 극소수 기능만 사용한다는 점이었다. 이 일은 장즈둥에게 많은 암시를 주었다. 이 경험을 통하여 장즈둥은 처음으로 강렬한 사용자 의식을 갖게 되었고, 텐센트가 초기부터 사용자들에 대한 강한 흡인력을 가지고 사용자들에게 밀착될 수 있었던 계기가 되었다.

마케팅의 귀재, 쩡리칭

마화텅과 장즈둥이 회사를 설립한 지 한 달 후, 텐센트 제3의 창업자인 쩡리칭(曾李青)이 합류했다. 쩡리칭의 합류는 마화텅과 장즈둥, 두 사람의 순수한 기술 조합 형태에 더 많은 마케팅과 사용자 접근 요소를 가미시켰다.

텐센트에 합류하기 전, 쩡리칭은 선전 텔레콤의 일원으로서 선전 인터넷 사업을 최초로 추진한 인물 중의 하나였다. 또한 그는 선전, 더 나아가 중국 내 최초의 브로드밴드존을 추진한 인물이기도 했다.

쩡리칭은 텐센트사 5명의 공동 창업자 중에서 가장 개방적이고 활력이 넘치며 호소력이 강한 사람이다. 온화한 성격의 마화텅, 기술에 푹 빠진 장즈둥과 비교해 볼 때, 쩡리칭은 또 다른 부류에 속한다.

쩡리칭은 세 사람이 회사 설립을 위하여 가졌던 첫 만남에 대한 기억이 아직도 생생하다. 세 사람의 만남은 선전 텔레콤의 작은 사무실에서 이루어졌다. 세 사람은 명확하게 담당 분야를 나누었다. 마화텅은 전략, 제품 담당, 장즈둥은 기술 담당, 쩡리칭은 마케팅 담당으로 합의했다.

외모로만 보면 마화텅보다 쩡리칭이 더 기업의 대표처럼 보인다. 두 사람은 키가 비슷하지만 상대적으로 쩡리칭이 둥그스름하게 생기고 몸집도 있다. 또한 쩡리칭의 차림새가 비즈니스맨에 더 가까우며 쩡리칭이 언어 표현과 사교능력도 월등하다. 그래서 두 사람이 함께 행사에 참석하면 쩡리칭이 종종 대표로 오해받는 반면에 깔끔하고 대학생 같은 인상을 주는 마화텅은 비서나 직원으로 취급받기 일쑤이다.

전문가 쉬천예와 천이단

텐센트사에는 마화텅, 장즈둥, 쩡리칭, 쉬천예(許晨曄), 천이단(陳壹丹) 등 5명의 창업 주주가 있다. 처음에는 마화텅, 장즈둥, 쩡리칭 이렇게 3명이었다가 연말에 쉬천예와 천이단이 합류했다.

이 5명은 총 50만 위안을 출자했다. 그중 마화텅이 23.75만 위안으로 47.5퍼센트의 지분을 보유했고 장즈둥이 20만 위안을 출자하여 20퍼센트 지분을 확보했으며 쩡리칭이 6.25만 위안으로 12.5퍼센트의 지분을 가져갔다. 그리고 쉬천예와 천이단은 각각 5만 위안을 출자하여 10퍼센트의 지분을 점유했다. 몇 차례의 변화를 거쳐 텐센트사가 상장될 때 이들이 보유한 지분 비례는 처음의 3분의 1밖에 안 되었지만 몸값은 이미 수십 억대에 달했다.

텐센트사 최고의 정보관을 담당한 쉬천예는 선전대 컴퓨터공학과 출신으로 마화텅, 장즈둥과 동창생이다. 장즈둥과 마찬가지로 쉬천예도 선전대를 졸업한 후 난징대학교 컴퓨터 응용학과에서 석사 학위를 받았다. 그 뒤에는 선전 텔레콤 데이터 지국에서 근무했다. 쉬천예와 쩡리칭은 회사 동료이다. 쉬천예는 모든 일에 자신의 관점이 명확하지만 매우 느긋하고 말수가 적으

● 텐센트의 창업 5인방의 한 사람, 천이단의 그 후

천이단은 텐센트의 창업 5인방의 한 사람이다. 마화텅과 함께 텐센트를 만든 천이단은 2013년 텐센트를 나왔다. 그 후 천이단은 교육 자선사업을 펼쳤다. 천이단의 이러한 행보에는 글을 몰랐던 할머니의 영향이 크다고 할 수 있다. 할머니는 문맹이었지만 천이단의 아버지를 대학까지 보냈다. 천이단은 할머니의 교육이 아버지의 삶뿐 아니라 자신의 삶까지도 바꾸었다고 생각했다. 교육이 사회문제의 궁극적인 해결방안이 될 수 있다고 믿은 천이단은 대학을 설립하고 연구와 교육발전 분야에 공을 세운 사람들에게 상금을 수여하며 기부하는 등 교육 자선사업에 몰두하고 있다.

며 '예스맨'으로 통한다. 그는 사람들과 담소를 나누는 것을 즐기며 다양한 취미생활을 가지고 있다.

또 한 명의 창업자는 텐센트사 CAO(최고 행정관)을 담당한 천이단이다. 천이단은 선전대 화학과를 졸업한 후 선전 출입국검사검역국에 배정받았다. 근무한 지 얼마 안 되어 그는 난징대학교에서 경제법을 전공하여 3년 뒤 석사 학위를 수여받고 변호사 자격증을 취득했다. 천이단은 사람들과 함께하는 자리에서 늘 분위기 메이커로 통한다.

1998년 당시, 대부분의 창업자들은 필마단창으로 혼자가 아니라 팀을 만들어 창업을 시작했다. 하지만 텐센트처럼 서로 다른 성격과 장점을 갖춘 사람들로 창업팀을 구성한 사례는 매우 보기 드물다. 중요한 것은 아무리 서로 다른 사람들로 이루어진 창업팀이었지만, 마화텅은 창업팀 구성원의 책임과 권리, 그리고 이익을 처음부터 완벽하게 고려하여 설계했다는 점이다.

텐센트의 기타 창업 주주들

텐센트사는 중국 내 IT 업계에서 가장 많은 공동 창업자를 보

마화텅과 텐센트 제국

유한 팀이다. 앞서 말한 다섯 명이 창업자의 전부가 아니다. 텐센트사가 홍콩에서 상장하기 전에 발표한 자료에 따르면, 텐센트사의 개인 주주는 무려 12명에 달한다.

텐센트사 내부에서는 초창기 멤버들을 여러 가지로 분류한다. 우선 텐센트사 상장 자료에 명시된 12명의 초창기 개인 주주들이 있다. 이들은 상장 이후 지분이 아닌 옵션을 보유하게 된다. 이 12명 중에서 류샤오쑹(劉曉松)과 린젠황(林建煌)이 합류하게 된 주요인은 투자 중개이다. 이 두 사람과 먼저 소개한 다섯 명의 창업자 및 텐센트사의 임원 자리에 오른 리하이샹(李海翔)과 우샤오광(吳宵光) 외에도 쉬강우(徐鋼武), 황예쥔(黃業鈞)과 궁하이싱(貢海星), 이렇게 세 사람이 있다.

쉬강우 역시 텐센트사 최초의 창업자 중의 한 사람이다. 쉬강우는 텐센트사 QQ 서버 담당자로서 전형적인 기술자에 속한다. 그는 평소에는 꾸밈없고 말수가 적지만 기술 문제를 논의할 때면 완전히 다른 사람으로 변한다.

중산대학교 컴퓨터공학과를 전공한 황예쥔도 기술에 푹 빠진 인물이다. 황예쥔은 우샤오광, 천양과 함께 클라이언트를 담당하고 있으며 그중 우샤오광이 책임자이고 황예쥔과 천양이 핵심 기술자이다. 영화를 좋아하는 황예쥔은 텐센트사의 초창기 멤버인 펑레이(馬磊)와 영화에 대해 가끔 토론을 펼쳤는데, 여러 영화 가운데 특히 〈스타워즈〉는 이들의 빼놓을 수 없는 토론 거리였다. 황예쥔은 한때 'jedi'라는 아이디를 사용하였는데 여기에서 영화 〈스타워즈〉가 그에게 미친 영향을 짐작할 수 있다.

텐센트사의 12명의 개인 주주 중에서 가장 흥미로운 인물은 궁하이싱이다. 부모님들끼리 친구 사이인 마화텅과 궁하이싱은 나란히 선전대 컴퓨터공학과에 입학하여 함께 공부했다. 대학을 졸업한 뒤 궁하이싱은 마화텅의 '감언이설'에 넘어가 텐센트사에 들어왔다. 궁하이싱의 중문 이름은 별자리 이름이다. 이름 탓인지는 몰라도 궁하이싱은 천문학에 남다른 관심을 가지고 있었다. 궁하이싱은 마화텅과 천문학이라는 같은 취미를 갖고 있다는 공통점도 있다.

현재 궁하이싱은 텐센트사를 떠나 천문학 관련 분야에서 일하며 취미생활도 함께 즐기고 있다. 〈UFO 탐색〉 등 천문학 잡지에서 궁하이싱이 천문학에 대해 쓴 글을 심심찮게 찾아볼 수 있다. 궁하이싱은 천체관측기기를 사는 데 돈을 아끼지 않는다. 텐센트사의 개인 주주라는 신분은 궁하이싱이 전혀 부담 없이 천체관측이라는 사치스러운 취미생활을 즐길 수 있도록 보장해 주었다.

초기에 텐센트를 찾아온 창사 멤버들

텐센트사의 직원 중에서 최초의 '외부 용병'이 바로 리화(李華)이다. 리화는 텐센트사가 설립 초기에 초빙한 다른 지역의 대학생이다. 2000년, 그는 대학교를 졸업하기도 전에 텐센트의 사무실을 찾아왔다. 대학 시절부터 교내 컴퓨터협회 회장을 맡으며 컴퓨터에 대한 남다른 재능을 과시한 리화는 소문난 풍운아이기도 했다. 풍부한 동아리 활동 경력과 손재주를 두루 갖춘 리화는 학교 성적이 우수한데다 전공도 회사와 잘 맞고 활력이 넘치며 말솜씨까지 뛰어났다. 리화는 순조롭게 텐센트의 일원이 되어 사번 18번을 목에 걸었다.

사실상 리화는 선전발전은행(深圳發展銀行), 화웨이(華爲) 등 많은 회사로부터 입사 요청을 받은 인재였다. 하지만 리화는 최종적으로 당시에는 언제 문 닫을지도 모르는 텐센트에 자신의 미래를 맡겼다. 현재 시점에서 돌이켜 보면 당시의 이런 선택은 리화의 남다른 안목을 반증해 준다.

리화는 "당시에는 별다른 직업에 대한 계획 없이 열정 하나만으로 화웨이와 같은 대기업이 아닌 텐센트를 선택했다."라고 말한다. 리화의 직감적인 판단은 당시 텐센트사의 히트 제품인 OICQ가 사용자들의 수요를 만족시키는 좋은 제품이라는 데에서 비롯된 것이다. 리화는 설령 텐센트가 문을 닫는다고 해도 사용자들의 기억 속에서 영원할 것이라고 생각했다. 또한 텐센트사 창업자들 사이의 형제 같은 우의도 리화에게 큰 감동을 주었다. 마화텅, 장즈둥, 쩡리칭 등 여러 창업자들이 서로를 대하는 격의 없는 태도와 창업에 대한 불타는 열정은 리화의 마음을 움직이기에 충분했다.

리화는 2008년 베이징 올림픽 전략을 마무리한 뒤에 이직을 선택했다. 그는 텐센트사를 떠난 후에도 인터넷 분야에 손대지 않겠다는 회사와의 신사협약을 지켰다.

사번 20번을 차지한 펑레이는 1999년에 충칭에서 대학교를 졸업하고 충칭(重慶) yesky에서 근무했다. 텐센트사의 편집 기술자 초빙 정보를 본 펑레이는 직접 마화텅의 OICQ를 추가하고, OICQ를 통하여 편집 기술자에 대한 구체적인 요구와 급여 대우를 문의한 뒤 텐센트행을 결정했다.

펑레이는 텐센트가 초빙한 최초의 편집 및 UI(사용자 인터페이스) 기술자이다. 2000년 봄에 입사한 그는 최초로 텐센트의 메인 페이지 디자이너가 되었다. 텐센트의 메인 페이지를 디자인하는 과정에서 사용자 체험을 중시하고 동업자의 노하우를 벤치마킹하며 이를 바탕으로 경쟁사 추월에 성공하는 마화텅의 업무 스타일은 펑레이에게 깊은 인상을 남겨 주었다. 심지어 펑레이는 마화텅이 리뉴얼 회의에서 제기했던 따끔한 충고를 아직까지 생생히 기억하고 있다. 마화텅의 인간 됨됨이와 업무 스타일은 이후에도 펑레이에게 영향력을 미치고 있다.

5인 전략팀

텐센트사는 설립 초기에 5명으로 구성된 전략팀을 구성하고 4개의 조직으로 분류했다. 마화텅을 제외한 네 명의 창업자는 담당 분야를 명확하게 나누었다. 장즈둥이 클라이언트와 서버의 연구 개발을 담당하고, 쩡리칭이 마케팅과 운영 및 텔레콤 운영사와의 제휴를 추진하며 외부 오더 개발에 주력했다. 천이단은 행정 담당으로 인력 모집과 내부 감사를 책임지고, 쉬천예는 대외 홍보를 관리했다.

이러한 조직 구조와 대응되는 정책 결정 시스템 역시 흥미진진하다. 초기에는 행정과 재무를 담당한 천이단과 마케팅을 담당한 쩡리칭이 팽팽하게 맞서는 경우가 많았다. 두 사람 사이에는 때때로 심한 언쟁이 오갔는데 물론 이것은 사람 됨됨이와 관계없이 업무상의 토론이었다. 이때, 일반적으로 장즈둥이 두 사람 사이에서 세 번째로 의견을 발표한다. 기술자 출신의 장즈둥은 기술적인 면에서는 집요한 구석이 있으면서도 사리 분별을 잘한다. 쩡리칭과 천이단이 논쟁을 펼칠 때, 장즈둥은 자신의 판단에 따라 '줄서기'를 한다. '예스맨' 캐릭터인 쉬천예는 전반적으로 정책 결정 시스템의 균형을 유지하는 역할을 한다. 그는 많은 경우에 다수파의 편을 들거나 한발 뒤로 물러나서 바라보는 관망적인 태도를 취한다. 최종적으로 의견을 내세우는 사람은 언

마화텅과 텐센트 제국

제나 마화텅이다. 그는 팀이 중요한 결정을 할 때 힘을 실어 주었고 투표 점수가 2 대 2로 팽팽하게 맞설 때 결정적인 한 표를 던진다. 쉬천예가 기권한 상태에서 투표 점수가 2 대 1인 경우, 마화텅의 한 표는 점수를 3 대 1로 몰고 가서 투표 결과를 최종 결정짓는 무기가 되기도 했다.

돌이켜 보면, 마화텅이 3인이 아닌 5인으로 공동 창업을 선택한 것이 얼마나 현명한 선택인지 알 수 있다. 마화텅, 장즈둥, 쩡리칭 3인의 공동 창업이라고 가정할 경우, 분쟁이 발생하면 쉽게 산산조각이 날 위험이 존재한다. 세 사람이 갖고 있는 독특한 개성을 전제로 생각할 때 그 위험성은 매우 크다.

2001년 이후 업무량의 폭증과 함께 텐센트사는 2차 구조 조정을 실시했다. 텐센트사는 R라인과 M라인을 병행시키고 다른 부서는 지원 체계를 형성하는 구조로 변경되었다. R라인은 연구 개발 라인으로 장즈둥이 통솔하고, M라인은 마케팅 라인으로 쩡리칭이 이끈다. 이러한 조정은 장즈둥과 쩡리칭의 강점과 입지를 부각시키는 동시에 두 사람이 서로 견제하며 균형을 이루게 했다.

2006년 이후, 급여 체계의 조정과 더불어 텐센트는 다시 한번 대규모 구조 조정을 실시하여 '4횡 4종' 구도를 구축했다. '4횡'이란 운영 유지보수 지원 체계, 혁신 연구 개발 체계, 행정기능 부서 체계와 직원 교육 체계 등 4개의 지원체계를 말한다. 이에 비해 '4종'은 4개의 현금 흐름을 발생시키고 자본시장과 밀접한 관련을 가진 업무기관을 뜻한다. 여기에는 모바일 인터넷, 인터넷 부가서비스 업무, 온라인 광고와 인터랙션 게임이 포함된다.

마화텅은 사내 구조 조정 여부에 관계없이 언제나 텐센트의 운명을 좌지우지했다. 말을 많이 늘어놓지 않는 마화텅이지만 줄곧 텐센트 발전의 중심에서 한 치도 이탈하지 않고 조용히 리더로서의 입지를 굳게 다졌다.

3

마화텅의 라이벌들

　중국 IT 업계의 리더들은 공통적인 특징을 가진다. 그것은 바로 성공을 이루기 전에 모두 여러 번의 실패를 맛보았고, 패배의 벼랑 끝에서 기사회생한 경험이 있다는 점이다. 마화텅도 예외가 아니다. 그 역시 좌절과 시련을 딛고 일어선 인터넷 분야의 리더 가운데 한 사람이다.

　'마화텅의 라이벌'이라고 했을 때, 여기에서 말하는 라이벌이란 PICQ, ICQ와 같은 유사 제품이 아닌 '사람'으로서의 라이벌을 의미한다. PICQ, ICQ와 같은 유사 제품들은 텐센트와 마화텅에게 많은 시련을 주었지만 텐센트의 라이벌이라고 할 수 있을 뿐, 마화텅의 라이벌이라고 말하기에는 부족하다.

팡성둥: '여자의 비밀'에서 51.com에 이르기까지

우선 마화텅의 라이벌로 우뚝 선 인터넷 업계의 팡성둥(龐升東), 51닷컴(51.com) CEO를 알아보기로 하자.

1977년 저장성(浙江省) 톈타이현(天臺縣)의 작은 농촌 마을에서 태어난 팡성둥은 닝보대학(寧波大學)에 입학하기 전까지 작은 마을을 벗어나지 못한 촌뜨기였다.

텐센트의 마화텅이 중국의 부동산 개발 및 유통 전문 완다 그룹과 IT 기업 바이두와 손을 잡았다. 이것은 알리바바에 대한 도전으로 분석된다. 사진의 맨 오른쪽이 마화텅이다.

▷출처: 연합뉴스

1998년 3월, 팡성둥은 대학교를 졸업하기도 전에 마윈이 창설한 차이나페이지에서 영업사원으로 일했다. 9개월이 지난 1998년 12월, 팡성둥은 차이나페이지와 작별을 고하고 닝보시 정보센터로 자리를 옮겼다. 그는 옮긴 직장에서도 여전히 네트워크 관련 업무에 종사하며 주로 인터넷상에서 재정경제정보를 찾는 일을 담당했다.

1999년 5월, 팡성둥은 첫 번째 개인 홈페이지인 '여자의 비밀'이라는 이름의 사이트를 구축했다. 이 사이트에서는 주로 성에 대한 내용을 다루었다. 팡성둥은 스팸메일이라는 새로운 수단을 통하여 전격적인 홍보에 나섰다. 결국 '여자의 비밀'은 팡성둥에게 1만 달러가 넘는 큰 광고수익을 안겨 주었다.

2000년 초, 팡성둥은 증권 홈페이지를 개설하였다. 당시 크게 유행하던 cn99 메일 리스트, 광고 링크 및 BBS를 프로모션 수단으로 삼았다. 2개월 동안의 시도 끝에 사업 모델의 가능성을 본 팡성둥은 2001년 4월에 닝보시 정보센터를 그만두고 창업의 길에 들어서게 되었다.

2005년 3월, 증권과 부동산을 통하여 창업자금을 마련한 팡성둥은 가족과 함께 상하이로 가서 새로운 기회를 엿보았다. 얼마 후, 그는 98만 위안을 들여 '51.com' 도메인을 매입하였다. 당시, 이 가격은 중국 내 도메인 매입가의 최고기록을 돌파했다.

2005년 8월 18일, 팡성둥은 '워야오왕(我要網)'을 정식으로 오픈했다. 그는 15~22세의 젊은 여성들을 사이트의 주요 사용자층으로 설정하고 사업을 진행했다.

어느 날, 팡성둥은 텐센트의 요청을 받고 텐센트 본사를 방문했다. 그날, 마화텅을 비롯한 임원진과 미팅을 마친 후 팡성둥은 "며칠 동안 잠을 잘 수 없을 정도로 마음이 흥분되기도 했고 복잡하기도 했다."고 말한다. 이때부터 팡성둥은 QQ를 역할 모델로 삼고 벤치마킹에 나섰다.

51.com은 텐센트사를 이기기 위하여 텐센트사에서 직접 인력을 스카우트하기도 했다. 51.com이 제품과 기술 인재에게 제공하는 급여와 복지 대우는 텐센트사의 같은 직위보다 15퍼센트 높다는 말도 있다. 51.com은 텐센트사의 인재를 스카우트하는 데 필요한 면접을 위하여 선전-상하이행 항공티켓을 무료로 제공하고, 공항에 전용차를 대기시켜 면접자가 도착하자마자

직접 호텔로 모신다고 한다. 2008년 말까지 수십 명의 텐센트사 직원이 51.com으로 자리를 옮긴 것으로 알려졌다.

51.com은 텐센트사를 벤치마킹하여 몇몇 분야에서 텐센트를 앞서 나갔다. 하지만 텐센트의 가장 중요하고 핵심적인 QQ 메신저는 따라잡을 수 없었다.

텐센트와 51.com이 라이벌 관계가 되게 만든 도화선은 바로 51.com이 QQ에 기반을 둔 해킹 툴 프로그램인 '무지개 QQ(彩虹 QQ)'를 개발한 것이다.

2006년, 베이징시 하이뎬구인민법원은 무지개 QQ에게 텐센트에 10만 위안을 배상하도록 판결했다. 이 판결은 제3자 리뉴얼 QQ를 만들고 있는 다른 제작자들에게도 경종을 울렸다. 이번 힘겨루기는 텐센트의 승리로 일단락됐다.

텐센트와 첸샹 간의 비화

상대와의 힘겨루기에서 텐센트는 법률을 무기로 방어하기를 즐긴다. 2006년, 텐센트와 첸샹(千橡) 사이에 소송과 설전이 오가는 가운데 마화텅의 또 한 사람의 평생 라이벌인 천이저우(陳

一舟)가 모습을 드러냈다.

천이저우는 1987년 우한(武漢)대학교에 입학해 물리학과를 전공하던 중 대학교 2학년 때 미국으로 유학을 떠났다. 미국 델라웨어대학교에서 유학 생활을 시작한 그는 1993년에 매사추세츠 공과대학 기계공정학과에서 자동 제어 및 창조성 디자인 이론을

● 천이저우와 런런왕

천이저우는 런런의 최고경영자(CEO)로, 런런은 2005년 중국의 명문 대학인 칭화대 졸업생들이 뜻을 모아 세운 샤오네이에서 출발했다. 그 뒤 2009년 샤오네이는 '모든 사람'을 뜻하는 '런런'으로 이름을 바꾸었다. 런런은 중국판 페이스북이라고 불리는 '런런왕(人人网)'의 성공으로 중국에서 큰 돌풍을 일으키며 2011년 중국 SNS 업계 최초로 뉴욕 증시에 상장하였다. 런런왕은 중국의 소셜 네트워킹 서비스(SNS)이다. 런런왕은 컴퓨터 시대에 가장 발전적인 서비스로 꼽히며 인기를 끌었지만, 모바일 시대에 접어들면서 경쟁사들에게 밀리고 말았다.

전공했고 몇 편의 학술논문을 발표했다. 1995년, 천이저우는 매사추세츠 공과대학 석사학위를 수여받고, 1997년부터는 스탠포드대학에서 MBA 및 모터 엔지니어링학을 이중 전공하여 석사학위를 수여받았으며, 1999년 6월에는 스탠포드대학 상경대학

중국의 소셜 네트워킹 서비스 런런왕의 첫 화면

원 MBA 학위를 수여받았다.

2002년 말, 천이저우는 텍사스 주의 세 명의 엔젤 투자자로부터 수십만 달러를 받고 귀국했다. 그는 첸샹 회사를 설립하여 야심차게 창업의 길로 들어섰다. 하지만 한발 늦게 시작한 탓에 회사의 실적이 미미했고 천이저우는 회사 경영에 어려움을 겪었다.

기대했던 성공을 이루지 못한 천이저우는 인수방식을 생각했다. 천이저우는 가지고 있던 소후 주식을 청산하고 홍콩 자본시장에서 텐센트의 주식을 사들이기 시작했다. 이 주식이 큰 이익을 내면서 자본시장에서의 투자에 성공했다. 이 성공에 힘입어 천이저우는 하룻밤 사이에 부호 대열에 들어섰다. 밑천이 생긴 천이저우는 돈으로 돈을 버는 계획을 실행하기 시작했다. 그 후 천이저우는 게임, BBS, 교육넷 사이트 및 일부 소형 SP 회사 등 가리지 않고 인수하여 첸샹에 합병시켰다. 첸샹은 메시지 시장에서는 텐센트와 비교해 아직 갈 길이 멀었지만 업계 내 선두그룹에 진입하는 데에는 성공했다.

2006년 6월 중순, 텐센트사는 첸샹 및 첸샹의 계열사인 도뉴스(DoNews)를 상대로 소송을 제기했다. 텐센트사의 명예를 훼

손했다는 이유였다. 텐센트사는 DoNews 사이트에서 텐센트사의 명예를 훼손하는 문장을 삭제하고 공식적으로 사과할 것, 텐센트사의 경제적 손실액에 해당하는 500만 위안을 배상할 것을 요구했다.

첸샹은 텐센트사의 소송에 맞서 다음과 같은 공식 성명을 발표했다.

"DoNews는 자유롭게 교류하는 플랫폼으로 텐센트를 포함한 모든 네티즌의 권리를 존중합니다. 또한 분쟁이 발생한 두 당사자가 각자의 관점을 충분하게 표현할 수 있는 공간과 플랫폼을 제공하고 있습니다. DoNews는 근거가 없다고 확정되지

● 중국의 IT 전문 매체 DoNews

DoNews는 베이징시의 하이뎬구에 위치한 중국의 미디어 기업이자 온라인 미디어이다. DoNews는 정보 기술에 초점을 맞추고 업계 소식이나 관련 정보를 발 빠르게 전하는 중국의 IT 전문 매체로 각광을 받고 있다. 아시아 뉴스 웹사이트 가운데 하나인 DoNews에는 수천 명의 기자가 등록되어 다양한 정보 서비스를 제공하고 있다.

않은 네티즌의 의견을 삭제할 권한이 없습니다."

챈샹 그룹과 DoNews는 텐센트사로부터 엄격하고 위협적으로 쓰인 법률 문서를 받았을 뿐, 해당 사건의 진위 여부에 대한 어떤 설명이나 증명은 받지 못했다.

이 소송은 법정까지 가지 않고도 꽤 오랜 시간 동안 끌었다. 아마도 텐센트의 이러한 법적 조처에 대한 행동은 단순히 상대방을 향해 위압적인 태도를 표현하기 위해 취한 것으로 보인다.

마윈(馬雲)과 마화텅

2004년 CCTV 중국경제연도인물 시상식에서 마화텅과 마윈은 공동으로 수상자 명단에 이름을 올렸다. 이 시상식에서 마화텅이 연도신예인물로 선정된 데 비해 마윈은 연도경제인물로 선정되어 더 큰 영광을 누렸다. 처음으로 한 무대에 오른 마화텅과 마윈은 비교 대상이 되어 사람들의 입에 오르내렸다.

사람들의 시선을 끄는 측면에서 마윈과 마화텅은 서로 다른 부류에 속한다. 마윈은 자신의 주장을 발표할 수 있는 기회를 놓치지 않고 평민출신 창업가의 신분을 내세워 늘 홍보에 힘쓴다. 말솜씨가 좋은 마윈은 청산유수처럼 물 흐르듯이 자신의 주장을 펼친다. 마윈은 자신이 한 말로 논란이 일어나는 것을 꺼리지 않고 오히려 반기는 눈치이다. 그는 자신에 대한 이야기가 난무하는 것을 전혀 개의치 않는다. 그래서 마윈은 매체가 항상 주목하는 대상이 되었다.

이런 마윈과 비교하여 마화텅은 정반대이다. 그는 기자의 인터뷰와 거의 담을 쌓고 살아가는 부류이다. 어쩔 수 없이 인터뷰에 응하는 경우라도 마화텅은 사전에 준비한 말을 외워서 최소한의 인터뷰를 하는 수준에 가깝다.

이렇듯 외적 이미지와 매체를 대하는 방식에서 현저한 차이를 보이고 있는 마화텅과 마윈이지만, 둘 사이에도 공통점이 있다. 바로 야심과 포부이다. 두 사람은 야심과 포부로 인터넷 업계를 통합하고 더 나아가 중국 내 상공업계 전반에 큰 영향력을 과시하고 있다.

4

마화텅을 도운 투자자들

오늘날의 텐센트는 세계적으로 손꼽히는 인터넷 기업으로 중국 내에서 직원 대우가 가장 좋고 시장가치가 가장 높으며, 돈을 가장 잘 벌어들이는 기업 중의 하나이다. 텐센트의 막강한 투자가치는 추호도 의심의 여지가 없다. 그러나 설립 초기에는 많은 사람이 텐센트라는 기업의 가치를 제대로 판단하지 못했다.

'천사' 류샤오쑹과 린젠황

1999년 말, 몇몇 텐센트사 창업자들은 중국 국제하이테크 성과교역회에 참석하여 하이테크 투자 분위기의 영향을 받았다. 이들은 일부 지분을 양도하고 벤처투자업체를 유치하여 융자를 진행하기로 결정했다.

　찡리칭은 중국 내에서 영향력이 가장 강한 엔젤 투자자 중의 한 사람이다. 하지만 처음에 그 어떤 융자 루트도 없었던 찡리칭은 중개인을 찾아 나섰다. 그때 그가 처음으로 떠올린 사람이 바로 류샤오쑹(劉曉松)이다.

　그 당시 류샤오쑹은 텐센트의 몇몇 창업자들과 개인적인 친분을 가지고 있었다. 자체적으로 시스템 회사를 운영하고 있던 류샤오쑹은 부자였지만, 많은 자금을 한꺼번에 텐센트에 투자할 수는 없었다. 류샤오쑹은 찡리칭에게 투자자를 소개해 주기

● 홍콩의 정보통신 전문업체 PCCW

PCCW(Pacific Century Cyber Works)는 홍콩의 정보통신 전문업체이다. 홍콩에서의 전화, 인터넷, 모바일, IPTV 서비스는 PCCW사의 서비스가 보편적으로 광범위하게 사용되고 있다. PCCW사의 공식 사이트는 www.pccw.com이다.

PCCW 매장의 모습

로 약속했다. 이에 쩡리칭은 융자액의 5퍼센트를 지분으로 하여 류샤오쑹에게 주기로 했다. 얼마 후 류샤오쑹은 미국 IDG 창업 투자를 텐센트에 추천했다. 이와 동시에 쩡리칭은 홍콩 PCCW 의 린젠황(林建煌)의 소개로 PCCW와 미팅을 가졌다. 때마침 홍 콩 PCCW는 중국 내륙 텔레콤 운영사와 제휴할 계획을 세우던 중이었다. 홍콩 PCCW는 텐센트의 몇몇 창업자가 텔레콤 업체 배경을 갖고 있고 텐센트사의 업무 모델이 가상 텔레콤에 가깝

PCCW 전화 부스의 모습

다는 점에 호감을 느끼고 접근했다. 홍콩 PCCW는 텐센트를 내륙 텔레콤 시장으로 통하는 교두보로 결정했다.

이로써 IDG와 PCCW 두 회사가 모두 텐센트에 투자를 원하는 상황이 발생했다.

IDG와 PCCW, 각각 20퍼센트의 지분을 점유하다

투자자가 확정되었고, 게다가 모두 좋은 배경이 있는 투자자들이다. 자금이 절실했던 텐센트는 투자금을 확보한 후에도 지분 소유권의 과반수를 잃지 않았기 때문에 일석이조의 효과를 얻은 셈이다. 이렇게 텐센트는 2000년 상반기에 1차 융자를 완성했다. 창업자들이 60퍼센트의 지분을 확보했고, IDG와 PCCW는 각각 110만 달러를 투자하여 지분의 20퍼센트씩을 차지했다.

투자금을 받은 텐센트는 서둘러 서버와 대역폭 등 하드웨어 시설을 개선하는 동시에 OICQ 소프트웨어에 대한 개발과 개선 사업을 강화했다. 그 결과 OICQ는 빠른 시간 안에 다른 유사 제품과의 격차를 넓혔다.

2001년 봄, OICQ는 QQ로 이름을 바꾸었다. 이후 QQ 사용자 수는 10만 명을 돌파했고 고속 성장을 거듭했다. 눈만 깜빡이면 월급날이 다가왔다. 마화텅은 시간이 쏜살같이 흐른다는 것을 실감했다. 그 뒤 텐센트는 특별한 수익 모델을 만들어내지 못했다. 투자금 220만 달러가 점점 줄어들어 없어졌다. 곧 텐센트는 2차 융자를 진행해야 할 상황에 직면했다.

MIH, 텐센트사의 신규 주주로 발탁되다

IDG와 PCCW 두 주주가 제공한 100만 달러의 대출(전환 채권)은 텐센트사에 있어서 그야말로 가뭄 끝에 내리는 단비와 같았다. 그러나 이 자금을 다 소진하고 나면 마화텅과 그의 창업팀은 지분을 매각하느냐 아니면 자진 퇴출하느냐 하는 두 가지 길에서 비장의 선택을 할 수밖에 없었다. 당시는 마화텅의 인생에서 가장 힘든 고비였다고 말할 수 있다.

이 무렵, 화창베이(華強北) 창업단지에 위치한 텐센트의 사무실에 파란 눈의 한 외국인이 자주 드나들었다. 그의 중국어 이름은 왕다웨이(網大爲)로, 그는 당시 MIH(미라드국제홀딩스 그룹회사) 중국업무 발전부 부총재로서 중국 내 인터넷 전략 및 합병과 인수 사업을 담당하고 있었다.

MIH를 위해 투자가치가 있는 프로젝트를 물색하던 왕다웨이는 중국 내 모든 PC방의 컴퓨터 바탕화면에 설치되어 있는 QQ 프로그램을 접하고 놀라움을 금치 못했다. 그는 QQ를 보유하고 있는 텐센트가 위대한 인터넷 업체로 성장할 가능성이 있다고 판단하게 되었다. 왕다웨이는 QQ를 통하여 인터넷에 접속하는 수많은 사용자들의 가치를 발굴할 경우 텐센트의 잠재력은 상상을 초월하게 될 것이라고 생각했다. 더욱 그를 놀라게 한 것은 투자를 받으려고 찾아온 사람들의 명함에는 QQ 번호가 당연하다는 듯이 적혀 있었던 점이다. 이 점이 텐센트에 대한 왕다웨이의 흥미를 더욱 불러일으켰다.

2003년 8월, 텐센트는 상장계획을 추진했다. MIH는 800만 달러의 거금을 들여 IDG로부터 나머지 지분을 회수하여 구입하고 그중의 절반을 창업팀에 증여했다. 지분구조 조정을 거친 후, 텐센트는 상장 전에 MIH와 창업팀이 각각 50퍼센트의 지분을 확보하는 구조를 만들었다.

텐센트의 융자과정에는 수많은 우여곡절과 불가사의한 점이 있었다. 하지만 주목해야 할 점은 상장하기 전까지 창업팀은 시종일관 최대 주주의 지위를 유지했다는 것이다.

홍콩 상장

2004년 6월 16일은 텐센트사의 경삿날이다. 이날 텐센트 홀딩스(주식 코드:700.K)가 홍콩연합거래소에서 정식으로 상장되었다. 발행가는 주당 3.70 홍콩달러로, 텐센트는 62.2억 홍콩달러의 몸값을 자랑하게 되었다. 상장 당일, 텐센트의 주가는 최고 4.625 홍콩달러까지 치솟아 발행가보다 25퍼센트 상승했다. 종

● **최후에 웃는 자는 누구?**

중국 인터넷 3대 기업인 텐센트, 바이두, 알리바바의 시가총액은 늘 엎치락뒤치락한다. 2014년 9월, 알리바바가 뉴욕 증시에 성공적으로 안착할 때만 해도 그 누구도 넘볼 수 없는 부동의 1위였다. 그 당시는 알리바바의 시가총액이 텐센트와 바이두의 시가총액을 합한 것보다 많았다. 그러나 2015년 3월 말 이후 텐센트의 주가는 올라간 반면 알리바바의 주가는 중국 정부와의 불화설, 짝퉁 악재 등으로 내려갔다. 그러나 알리바바는 곧 심기일전하여 다시 상승세로 돌아서서 1위에 올라섰고, 2016년 5월 텐센트도 이에 질세라 치고 올라와 알리바바를 제치고 중국에서 제일 값비싼 인터넷 기업이 되었다. 대다수 기관의 전문가들은 텐센트의 앞날을 가장 밝게 점치고 있다.

마화텅과 텐센트 제국

가는 4.15 홍콩달러로 개장가격에 비해 12.16퍼센트 상승했고 총 거래액은 19.47억 홍콩달러에 달했다.

골드만삭스 진입

오랜 시간 동안 골드만삭스(Goldman Sachs)는 소프트뱅크(SoftBank), IDGVC와 더불어 중국 인터넷 업계의 3대 페이마스터(paymaster)로 불렸다. 하지만 소프트뱅크, IDGVC의 엔젤투자(Angel Investment) 개입과 달리, 골드만삭스의 경우 상장을 앞둔 마지막 결정적 단계에서 빛을 발했다.

골드만삭스 아시아은행의 텔레콤, 미디어와 테크놀로지팀의 류즈핑(劉熾平)은 골드만삭스 아시아은행을 대표하여 텐센트의 상장 프로젝트를 확보하려고 했다. 그는 홍콩에서 상장하도록 마화텅을 설득하는 것이 급선무라고 생각했다. 텐센트가 홍콩에서 상장될 경우, 골드만삭스 아시아은행은 필연적으로 텐센트의 선택이 될 것이기 때문이었다. 하지만 당시 인터넷 업체들은 미국을 상장의 최우선 목표로 정했다. 당시 중국 대륙을 풍미한 시나, 넷이즈, 소후 등 인터넷 대표기업들이 모두 미국에서 상장되었다. 결국 텐센트는 다른 선택을 했다. 2004년 해외에서 상장한 9개의 중국 내 인터넷 업체 중에서 오직 텐센트만이 홍콩에서의 상장을 선택했다.

홍콩의 장점은 선전과 인접해 있다는 점이다. 창업자로서의 마화텅은 지리적 우위를 점하면서 홍콩의 자본시장과 교류하며 도킹을 실현하려고 했다. 텐센트 주식의 투자자들이 매우 편리

소후닷컴의 화면이다. 소후닷컴은 탄탄한 미디어의 힘을 자랑하며 다양하고 유용한 정보를 제공함으로써 중국 네티즌들 사이에서 큰 지지를 받고 있다.

하게 투자를 진행할 수 있다는 점이 광저우, 아니 대륙 전반의 일치한 견해였다.

마화텅의 마음을 움직여 홍콩 상장을 선택하게 한 것은 다음과 같은 류즈핑의 충고 한마디라는 설도 있다.

"미국에 비해 홍콩의 주가 수익률이 낮은 것은 사실입니다. 하지만 텐센트가 과학기술 관련 주식의 리더라면 과연 어떻게 할까요?"

소후닷컴의 인터넷 플라자 건물 전경

'낙하산' – 류즈핑

그러나 모든 일이 결코 순조롭지만은 않았다. 홍콩 자본시장은 전반적으로 텐센트에 대한 이해와 인지도가 부족했다. 그래서 처음에 텐센트의 주가는 낮은 가격대에서 배회했다. 텐센트는 류즈핑의 의견을 받아들여 '2004년 말까지 4.41억 위안의 이윤을 달성할 것'이라는 약속을 공개적으로 발표했다. 4.41억 위안의 연간 이윤은 텐센트로 하여금 2004년 최고의 인터넷 업체의 반열에 들어서게 한다. 또한 2004년 말 11억 위안의 판매수입을 기준으로 계산할 때, 텐센트의 순이익률은 40퍼센트에 달한다. 이것은 전통적인 상업분야에서 천문학적인 숫자에 가깝다고 해도 과언이 아니다.

2004년 말, 텐센트는 4.41억 위안의 목표 대비 4.467억 위안의 순이윤을 초과 달성함으로써 투자자들과 공개적으로 한 약속을 지켰다. 하지만 자본시장의 수요에 따라 지표를 정하는 이러한 방법은 텐센트사 내부에서 큰 논란을 일으켰다.

2005년 초봄, 류즈핑이 텐센트에 합류했다. 골드만삭스 투자매니저라는 직함을 달고 '낙하산 인사'로 텐센트에 들어온 것이다. 류즈핑의 텐센트 합류로 홍콩의 많은 기관 투자자들은 텐센트의 미래에 더욱 믿음을 가지게 되었다. 더 좋았던 점은 류즈핑이 홍콩 자본시장에서 구축한 인맥관계가 기관 투자자들과 소통하는 데 많은 이점이 있었고, 이들로 하여금 텐센트가 직면한 문제들을 더 정확하고 빠르게 파악하고 문제에 대한 해결책을 내놓을 수 있게 했다는 것이다. 이것은 텐센트에게 숨을 돌릴 수

● 낙하산 인사와 초고속 승진의 류즈핑

낙하산 인사로 텐센트에 합류한 류즈핑은 초고속 승진으로도 유명하다. 글로벌 투자기관에서 10년 이상 동안 IT 기업의 상장, 인수합병, 자산컨설팅을 전문적으로 담당했던 그는 2005년 텐센트에 들어와 투자와 인수합병 업무를 전담하게 되었다. 그 후 마화텅의 신뢰를 얻고 마화텅 다음으로 텐센트의 높은 자리에까지 올랐다.

있는 시간을 마련해 주었다. 가장 힘들었던 2005년에 그야말로 특별한 선물과 같았다.

텐센트의 성공에는 매우 큰 우연성이 함께한다. 골드만삭스가 텐센트와 함께 홍콩 자본시장에서의 합리적이고 합법적인 운영을 원했던 것도 그중 하나이다.

결론적으로 말하면 결과는 좋았다. 2006년부터 조직과 관리 구조를 재정비한 텐센트는 그동안의 부진을 털어버리고 고속 성장의 대열에 복귀하기 시작했다. 주가도 계속 올라 30 홍콩달러에서 70 홍콩달러까지 오르기도 했다. 그 후, 텐센트는 홍콩 민영 과학기술 주식의 일인자가 되어 홍콩 항생지수에 진입했다.

5

제품 매니저, 마화텅

마화텅이 가장 애착을 갖는 이름은 최고 체험 담당자(Chief Experience Officer)이다. 이는 텐센트사에만 해당되는 것으로 아마도 타사에서는 찾아볼 수 없는 이름일 것이다.

물론 마화텅의 이름은 '최고 아키텍처'에 더 가깝다. 그는 레고 블록 마니아처럼 플랫폼 전략을 하나하나 주의 깊게 살펴보고 3~5년 후에 발생할 수익 성장점을 찾기에 열중한다. 또한 전반적인 계획에 따라 매개 업무를 언제 어느 위치에 배정하고, 얼마나 큰 공간을 점유하게 할 것이며, 회사의 약점은 무엇이고 어떻게 보완할 것인가 하는 문제들을 끊임없이 생각한다. 마화텅의 대뇌는 고속 운행하는 CPU처럼 기업의 다양한 문제들을 분석하고 있다.

마화텅은 여가시간을 쪼개어 발표 예정인 신제품 체험하기에 나선다. 그는 해외 홈페이지를 찾아보며 어떤 신기한 서비스가 있는지를 알아보고 텐센트 또는 라이벌의 BBS에 들어가서 국내 네티즌들의 목소리에 귀를 기울인다. 또한 새로 출시된 온라인 게임을 찾아 자신이 직접 게임을 해 보기도 한다. 사용자의 직접적인 체험이 없이는 모든 전략이 탁상공론에 불과하다는 것을 마화텅은 그 누구보다도 잘 알고 있기 때문이다.

'세 가지 물음'과 신중한 응답

마화텅은 독서를 그리 즐기지 않는다. 하지만 그의 철학적 지식은 독서를 즐기는 사람 못지않다. 마화텅은 언제나 조심스럽게 자신에게 세 가지 물음을 제기한다. 이 '세 가지 물음'은 마화텅의 경영철학과 이념을 명확하게 보여준다.

첫 번째 물음: 당신은 이 새로운 분야에 대해 잘 알고 있는가?

마화텅의 라이벌의 대다수는 비즈니스, 이윤, 자본 등에 흥미를 갖고 있지만 사용자의 요구를 제대로 파악했다고 말하기에는 부족하다. 반면에 마화텅은 진화하는 인터넷 시장에 대한 선견지명이 있는 인물이다. 그는 인터넷 시장에 대한 이해를 바탕으로 강박적인 호기심과 뜨거운 사업 열정으로 텐센트의 기반을 구축했다. 마화텅은 기술을 핵심으로 하는 회사 이념을 확고부동하게 지키고 지나칠 정도로 극단적으로 기술 개발 및 품질 향상에 전념했다. 이를 통하여 경쟁 상대보다 한 수 위의 실력을 보여줄 수 있었다.

두 번째 물음: 만약 당신이 하지 않는다면 사용자는 어떤 손실을 입는가?

프로그래머 출신인 마화텅은 소프트웨어의 개발 목적이 프로그래머의 자아도취가 아닌 실용성이라는 것을 매우 잘 알고 있었다. 그래서 마화텅은 네티즌들의 진정한 요구를 파악하고 이들을 위하여 가장 유용한 것을 개발해 낼 수 있었다.

이 물음은 사용자 체험을 강조하고 부각시키는 물음이다. 또한 이 물음을 통하여 사용자를 최우선으로 생각하는 텐센트 내부의 문화를 엿볼 수 있다.

세 번째 물음: 만약 이 신규 프로젝트를 진행한다면 당신은 어느 정도의 경쟁 우위를 유지할 수 있는가?

텐센트가 많은 분야에서 후발주자임에도 불구하고 상위권에 진입하여 업계 내에서 TOP 3 또는 정상에 오를 수 있었던 것은 세 번째 물음과 매우 밀접한 관련이 있다.

외부 사람들은 텐센트의 다방면의 실적은 막대한 QQ 사용자 수와 텐센트가 기술에 기반하여 얻은 후발 우위에 의존한 것이라고 평가한다. 그러나 마화텅은 스스로에게 던지는 물음과 그에 대한 신중한 응답이야말로 텐센트가 성공할 수 있었던 중요

● 급속히 증가한 QQ 가입자 수

QQ는 현재 중국의 국민 메신저로 자리매김했다. QQ 가입자 수는 출시한 지 약 1년이 된 2000년 4월에 약 500만 명, 6월에 1000만 명을 넘어섰다. 그 후 2002년 3월에는 약 1억 명, 2003년 9월에는 약 2억 명, 2004년 4월에는 약 3억 명으로 급속히 증가하기 시작했다. 그러더니 2015년 9월 말에는 QQ 가입자 수가 약 8억6000만 명으로 집계되었다. 이 기록은 점유율 약 90퍼센트로 중국 시장을 통일한 것과 다름없었다.

한 비결이라고 말한다.

제품 개발자들과의 맞대면

마화텅은 최고 체험 담당자라는 이름을 좋아할 뿐만 아니라 스스로를 텐센트 내 최고 수준의 제품 매니저라고 칭하기도 한

QQ 메신저 화면

다. 마화텅은 모든 신제품을 사용할 줄 알고 모두 체험해 보며 일일이 피드백을 제출하기도 한다.

마화텅이 직접 신규 제품에 대해 하나하나 관여하는 것은 텐센트의 많은 제품 개발자들에게 큰 충격이었다. 특히 마화텅은 제품의 디자인과 개발에 큰 관심을 보였을 뿐만 아니라 텐센트의 제품 개발자 교육에 직접 나서기도 했다.

텐센트의 제품 개발자들은 자신을 까다로운 사용자로 가정하기도 하고 복잡한 문제를 이해하기 힘들어하는 서툰 사용자로 상상하기도 한다. 자신이 일하는 회사의 대표가 제품 디자인과 사용자 체험을 매우 중요시한다는 것을 알게 된 현장의 제품 개발자들은 더욱 열정을 가지고 최선을 다하여 연구 개발에 매진했다.

텐센트의 제품 개발자들은 여러 가지 방면의 다양한 지식이 있어야 하고 서버에 대해 잘 알아야 한다. 프로그램 개발에 익숙해야 하며 웹디자인에 대해서도 이해하고 있어야 한다. 가장 중요한 점은 열심히 일하고 질문하기를 즐기며 서로 교류하고 깊이 생각해야 한다는 것이다.

훌륭한 제품 개발자에게 있어서 민감성은 매우 중요한 요소이다. 제품 개발자는 사전에 제품의 부족한 점을 발견하고, 사용자가 체험하기 전에 개선할 점을 찾아내어 수정해야 한다. 이에 마화텅이 제안한, 가장 간단하고 효과적인 방법이 바로 제품을 매일 사용하는 것이다. 마화텅을 비롯한 제품 개발자들은 날마다 제품을 사용해 보고 BBS, 블로그를 방문하여 사용자들이 쓴 글을 읽었다. 새 제품을 내놓을 때에는 3개월 동안 매일 사용하면서 문제를 발견하고, 문제를 발견하는 대로 바로 해결함으로써 점점 더 많은 사람의 호평을 받게 되었다. 텐센트의 훌륭한 제품들은 모두 이러한 방법을 통하여 만들어진 것이다.

마화텅은 중국 상공업계의 리더 중에서 하이엔드 사용자의 역할과 입소문을 통한 제품 홍보를 가장 중요시하는 사람이라고 말할 수 있다. 마화텅은 내부 교육을 진행하면서 몇 차례에 걸쳐 다음과 같이 강조했다.

"제품을 판매하려면 입소문을 이용해야 하고 하이엔드 사용자들의 의견에 귀 기울여야 합니다. 하이엔드 고객은 그 수가 적지만 입소문을 잘 탈 수 있는 진정한 핵심이기 때문입니다."

마화텅은 상호 작용하거나 대화형인 인터랙티브 기능에 대해서는 매우 세부적이며 시각적으로 단순해야 한다고 말한다. 마화텅은 다음과 같이 지적했다.

"콘텐츠를 읽는 사람은 한정적이고 인터랙션 콘텐츠는 매우 많습니다. 따라서 가장 흔히 접속하는 방법을 선택하고, PV(page view)와 사용량이 가장 큰 부분을 모두 고려하여 사용자가 편하게 사용할 수 있도록 규범화시켜야 합니다. 예를 들어 마우스의 적은 이동, 빠른 클릭 등 감각이나 촉감상의 문제들을 중시하고 해결해야 합니다."

중요한 제품일수록 마화텅은 디자인 부서의 책임자 및 해당 제품의 담당 디자이너와 함께 토론하면서 문제점을 찾아내고 해결책을 찾기 위하여 더욱 노력했다. 그의 디자인적 감각은 많은 경우에 정확했다. 그러나 그의 생각이 틀렸다고 생각되면 다시 논의할 수도 있다. 디자인과 같은 구체적인 문제를 토론하는 과정에서 마화텅은 매우 개방적인 모습을 보여준다. 그는 전혀 권위적인 CEO의 모습을 보이지 않는다.

도미노 현상

텐센트가 타사에서 부러워하는 '사용자 제일'의 사훈을 만들어 낼 수 있었던 주요원인은 바로 마화텅이 맨 앞에 세워져 있는 도미노 골패이기 때문이다. 최고 경영자가 솔선수범하며 현장의 제품 매니저들과 문제점을 토론하였기 때문에 자연적으로 모든 담당자들이 사용자의 제품 체험에 집중하게 된 것이다.

도미노의 두 번째 골패는 바로 장즈둥 텐센트 CTO(최고기술책임자 및 경영자)이다. 슝밍화(熊明華)가 연석 CTO로 합류함에 따라 전반적인 QQ의 백그라운드 관리와 기초연구체계가 전문적으로 조직되고 관리되었다. 이때부터 장즈둥은 제품 기획 및 제품 매니저 교육 분야의 업무에 더 많은 시간을 들여 효율적으로 처리할 수 있게 되었다. 또한 보안 테스트와 방문량 폭증에 따른 대안 등 극단적인 상황에서의 문제 해결에 온 힘을 쏟을 수 있게 되었다.

세 번째 골패는 텐센트의 인터넷 업무 담당자인 우샤오광 부총재이다. 그의 업무 처리 스타일은 많은 면에서 회사를 더 크고 강하게 키우려는 마화텅, 장즈둥의 스타일과 비슷한 양상을 보인다. 단기적으로 수익 증대 효과를 가져올 수 있지만 텐센트의 '사용자 지상주의'라는 가치관에 어긋나는 행위는 우샤오광의 인정과 지지를 받을 수 없다.

많은 문제에 있어서 마화텅, 장즈둥과 우샤오광의 의견은 놀랍게도 일치했다. 이것은 이들이 몇 년 동안 함께 일하면서 형성된 가치관이 통일된 덕분일 것이다.

만약 당신이 치열한 경쟁 속에서 성장하고자 하고 온라인 제품의 디자인과 개발 사업에 뛰어들어 성취감을 느끼고 싶다면 텐센트가 좋은 선택이 될 것이다. 2005년부터 텐센트는 해마다 중국 내 대학교에서 1,000명 이상의 직원을 모집했으며 그중의 대부분은 새내기 졸업생들이다.

텐센트 학원

시단(奚丹) 텐센트 인력자원부 전 총감이 최초로 직원 교육의 목적으로 교육팀을 설립했다. 이 교육팀이 인재에 대한 기업의 필요를 만족시킬 수 없게 되면서 텐센트 학원이 출범되었다.

텐센트는 신입사원들이 자신이 해 오던 기존의 방식으로 기

마화텅과 텐센트 제국

중국과 러시아 기업 대표들이 참석한 토론회에서 의견을 발표하고 있는 마화텅
▷출처: 연합뉴스

업의 고유한 문화를 약화시키는 것을 원하지 않았다. 따라서 신입사원들이 얼마나 기업에 빨리 융합되고 기업의 문화와 가치관을 인정하는지의 여부는 채용 심사에서 중요한 항목이었을 뿐만 아니라 사원 교육과도 밀접한 관련이 있다.

텐센트 학원은 말단 관리자부터 중간 관리자까지 단계별로 다양한 수준의 교육계획을 수립했다.

그렇다면 어떤 관리자들이 이러한 교육을 받아야 하는 것일까? 이것은 텐센트의 향후 관리자 선정 기준과 관련된다. 이 선정 기준에는 2개의 기준이 있다. 하나는 개인의 실적 및 그가 인솔하는 팀의 실적이고 다른 하나는 기업의 문화와 가치관에 대한 공감도이다. 즉, '기업과 일치하는 마음을 갖고 있는가?', '자신의 팀과 주변 사람들에게 적극적으로 영향을 미칠 수 있는가?' 하는 것이다. 만약 이 조건에 부합되지 않는다면 실적이 아무리 우수해도 관리자로서의 자격이 박탈된다.

6

OICQ에서 QQ에 이르기까지

OICQ : 새옹지마형 제품

오늘날 인터넷 메신저의 일인자로 손꼽히는 QQ에 관련된 비하인드 스토리는 매우 많다. 마화텅이 장즈둥, 쩡리칭과 손잡고 텐센트사를 세울 때, 마화텅은 곧바로 OICQ 프로젝트를 추진한 것이 아니라 갓 창업을 한 대다수의 기업과 마찬가지로 곳곳에서 시스템 통합 프로젝트를 유치하는 데 주력했다.

초기의 텐센트는 소프트웨어 회사에 불과했다. 다른 소프트웨어 회사와의 차이점이라면, 텐센트는 인터넷에 기반한 솔루션을 사용자들에게 제공한다는 것이다. 처음에 실시간 통신은 이러한 솔루션 가운데 앞으로의 가능성이 조금 보이는 하나의 불

꽃에 지나지 않았다. 당시 ICQ를 사용했던 마화텅이 우연히 제안했을 가능성이 높다는 이야기도 있다.

광저우 텔레콤 프로젝트를 경쟁 입찰하는 과정에서 텐센트사는 OICQ를 개발하기로 결정한다. OICQ의 중국어 명칭은 중문 네트워크호출기(中文網絡尋呼機)로, 재래식 무선 호출기와 연동할 수 있었고 인터넷에 응용할 수도 있었다. 현재 QQ에서 메시지를 받을 때 들리는 "띠띠" 하는 특유의 알림소리는 바로 마화텅이 당시의 호출기 소리를 녹음한 것이다.

OICQ와 같은 제품은 서버단에서 대용량의 전 시스템의 테스트를 진행해야 한다. 텐센트의 OICQ 역시 광저우 텔레콤과 같은 실험 대상이 필요했다. 첫 번째 테스트를 성공해야 다른 업체에 판매할 수 있는 법이다. 만약 광저우 텔레콤 프로젝트를 성공적으로 유치했더라면 광저우 텔레콤이 텐센트사의 첫 번째 실험 대상이 되었을 것이다. 그러나 이 꿈은 물거품이 되고 만다.

텐센트사의 창업자들은 같은 도시에 있는 선전 텔레콤으로 목표를 바꾼다. 선전 텔레콤 출신의 쩡리칭은 손쉽게 선전 텔레콤을 설득하여 협력 프로젝트를 시작했다. 선전 텔레콤이 서버와 대역폭을 책임지고 텐센트가 기술을 담당하는 방식으로 공동 개발한 프로젝트가 바로 OICQ이다.

ICQ의 중국어 개정판

텐센트사의 OICQ 프로젝트는 독창적인 창조물이 아니다. 아이디어 측면에서 OICQ는 ICQ를 모방한 것이라고 할 수 있다.

1996년 7월, 4명의 이스라엘 청년이 미라빌리스(Mirabilis)라는 회사를 설립했다. 1996년 11월, 최초로 이들은 광범위하게 사용될 수 있고 인터넷상의 그래픽 인터페이스에 구축한 실시간 통신 소프트웨어인 ICQ를 출시했다.

ICQ는 'I Seek You.'를 줄인 말이다. 4명의 이스라엘 청년은 상호간의 편리한 소통을 위한 간단한 프로그램을 선보이겠다는 생각으로 ICQ를 만들었다. 비록 초기의 ICQ는 매우 불안정했지만 많은 네티즌의 사랑을 받았다. 반년 사이에 등록한 사용자가 85만 명에 달했는데 그중에는 마화텅과 그의 파트너들도 포함된다.

1997년에 처음으로 ICQ를 접한 마화텅은 곧 ICQ의 무궁무

진한 매력에 푹 빠져들었다. 그는 ICQ에 등록하고 얼마 동안 사용했다. 하지만 마화텅은 직접 사용해 보면서 영어 인터페이스로 된 ICQ를 중국 내 사용자들에게 널리 보급하기는 어려울 것이라고 느꼈다.

'ICQ와 비슷한 중국어 버전의 프로그램을 만들 수는 없을까?'

마화텅은 새로운 고민에 빠졌다.

이렇게 탄생한 OICQ는 처음에는 단지 ICQ의 중국어 버전이었지만, 결국 시스템 통합 프로젝트의 일부분이었다. 장즈둥은 우샤오광 등 초기의 핵심 기술 인력들을 이끌고 새로운 프로그램의 구조를 구축했다. 이 기본적인 구조는 큰 개정 없이 현재까지 사용되고 있다. 단순히 더 많은 사용자를 포함할 수 있도록 확장하고 새로운 시스템으로 업그레이드되었을 뿐이다.

ICQ는 이미 역사의 뒤안길로 사라져 사람들의 아쉬움을 자아내고 있다. 그해에 ICQ가 3억 달러에 가까운 가격인 2억 8,700만 달러에 미국 온라인 회사에 매각된 사실은 많은 사람을 놀라게 했다. 이 일은 마화텅의 마음을 자신감으로 채워 주는 계기가 되었다.

유행을 주도하는 QQ

QQ가 가장 많은 사용자를 보유하고 있다는 것은 중국 인터넷 업계에서는 이미 공공연하게 공개된 비밀이다. 약 7억 명의 사용자 수를 자랑하는 QQ는 처음에 어떻게 대박을 터뜨리고 유행을 주도한 것일까?

〈티핑 포인트(Tipping Point)〉의 작가 말콤 글래드웰(Malcolm Gladwell)은 제품의 유행에는 세 가지 기본적인 법칙이 있다고 설명했다. 이 세 가지 법칙이 바로 소수의 법칙(the Law of the Few), 고착성 요소의 법칙(the Stickiness Factor)과 환경의 힘 법칙(Power of Context)이다.

소수의 법칙: 어떤 제품이 유행을 선도할 수 있는 첫걸음은 바로 수많은 사람 중에서 핵심적인 소수 인물을 찾아내고, 이들을 이용하여 마케팅 정보를 전파하여 대유행을 일으키는 것이다. 초기 OICQ 테스트를 실시할 때, 테스트에 참여해 달라고 요청받은 사람들은 당연히 텐센트사의 내부 직원과 친구들이었

다. 여기에는 마화텅이 CFido에서 알고 지낸 친구들과 기술 개발자의 BBS 인터넷 친구들이 포함된다. CFido는 중국 내에서

● 티핑 포인트, 마법의 순간

'티핑 포인트(Tipping Point)'는 어떤 상품이나 아이디어, 또는 경향, 사회적 행동이 마치 전염되듯이 폭발적으로 번지는 순간을 가리키는 말이다. 한순간에 갑자기 퍼져 나가 많은 사람들을 사로잡는 마법 같은 순간이다. 《티핑 포인트》의 저자 말콤 글래드웰은 1만 시간의 법칙, 블링크, 티핑 포인트 등 새로운 비즈니스 용어를 내세우며 책을 펴내면서 전 세계적으로 베스트셀러 작가가 되었다. 말콤 글래드웰은 티핑 포인트의 세 가지 특징으로 전염성이 있다는 것, 작은 것이 엄청난 결과와 효과를 가져올 수 있다는 것, 이러한 변화가 극적인 순간에 발생한다는 것이라고 제시한다. 그는 티핑 포인트를 철저히 파헤침으로써 작은 아이디어가 큰 트렌드로 바뀌는 놀라운 과정을 설명한다.

초기의 인터넷 애호가들이 집결된 BBS이고 마화텅은 CFido에서의 눈부신 활약으로 유명세를 탄 인물이다. CFido에서 활약했던 네티즌들은 모두 앞자리 수의 OICQ 번호를 가지고 대중속에서 막강한 영향력을 행사했다. 따라서 OICQ 번호는 자릿수가 적을수록 가치 있다는 설도 생기게 되었다.

고착성 요소의 법칙: 새로운 사물을 이해하는 과정은 단계적인 과정을 거치며, 새로운 사실에 대한 기억은 다양한 형식으로 자극되고 강화될 수 있다. 미세하게 조정된 유효한 정보가 사용자를 유지하고 그 정보의 효율성을 높일 수 있다. 이 조건은 사용자 유지에 결정적이다. 말콤 글래드웰은 이것을 고착성이라고 말한다.

마화텅은 결코 기술과 기능을 OICQ 개발의 유일한 지표로 삼지 않았다. OICQ를 개발할 당시, 그는 자신을 제품 매니저로 설정하고 무엇을 하고 무엇을 하지 말아야 할지를 판단했다.

OICQ의 고착성이 강한 원인은 바로 OICQ가 일반 소프트웨어에 필요한 테스트와 발표를 교묘하게 하나로 융합시켰기 때문이다.

OICQ는 ICQ로부터 사용자를 끌어들이기 위하여 서버 응용 프로그램에 더 많은 관심을 기울였다. 즉, OICQ 사용자들로 하여금 채팅방 정보를 서버단에 저장할 수 있게 하였다.

또한 사용자들이 조금이라도 불편함을 느낄 때마다 바로 불편함을 없애 주는 수정 버전을 출시하여 사용자의 고착성 및 점착도를 높은 수준으로 유지했다.

환경의 힘 법칙: 소비자는 자신을 둘러싼 주변 환경과 상황의 영향을 많이 받는다. 마케팅 담당자는 자신에게 부여된 사회적인 접근 경로의 범위 안에서 외부 환경의 미세한 변화를 파악하여 유행을 일으킬 수 있다.

미세한 차이는 결국 서로 다른 결과를 가져온다. 인터넷이 PC방 형식을 통하여 중국 내에서 전면적으로 보급될 때, OICQ는 정보가 사용자 컴퓨터가 아닌 서버에 저장되는 우위 요소에 힘입어 매개 컴퓨터의 필수적인 소프트웨어가 되었고, PC방을 찾는 사람들이 가장 먼저 사용하는 프로그램으로 인기를 누렸다. 텐센트의 새로운 제품들이 출시되면서 마화텅, 장즈둥은 회사 근처에 있는 PC방을 찾아가 사용자들의 반응을 자신의 눈으로 직접 확인했다. 이런 방식은 사용자의 피드백을 현장에서 신속하고 정확하게 확보할 수 있다는 장점이 있다. 사용자들의 호평이 쏟아지는 날이면 텐센트의 창업자들은 길가의 포장마차에서 고기구이에 맥주를 마시며 축하잔치를 벌였다. 반대로 제품이 예상했던 효과를 얻지 못할 경우에는 사무실에 남아 야근을 하면서 사용자가 만족할 때까지 문제를 해결하고 제품을 개선하기 위해 노력했다.

'QQ'라는 이름은 어떻게 지어졌을까? 텐센트의 초창기 멤버인 우샤오광이 버스에서 두 네티즌이 OICQ에 대해 토론하면서 OICQ를 'QQ'라고 부르는 것을 들었다고 한다. 우샤오광은 텐센트의 직원들에게 이 이야기를 들려주었고, 'QQ'라는 이름은 직원들의 공감을 얻었다. 마화텅은 조금도 망설이지 않고 OICQ에서 'QQ'로 이름을 변경했다.

10만 달러로 QQ.com을 구입하다

텐센트의 주요 클라이언트 명칭은 QQ지만 공식 홈페이지의 도메인 이름은 여전히 'tencent.com'으로 되어 있었다. 그 까닭은

QQ.com이라는 도메인을 누군가 먼저 등록했기 때문이었다.

QQ.com 도메인은 1995년 5월에 등록되었다. 1998년, 미국인 로버트 헌츠만(Robert Huntsman)이 개인적인 영화 사이트의 도메인으로 사용하기 시작했다. 로버트 헌츠만은 풍부한 경험을 갖고 있는 소프트웨어 엔지니어이자 변호사로, 미국 몬태나주립대학을 졸업한 후 미국 아이다호 주의 보이시에 거주하면서 줄곧 비즈니스 컨설팅 사업을 하고 있었다. 그가 보유한 QQ.com 도메인은 오랫동안 해외 경매사이트에 판매용으로 등록되어 있었는데, 한때 경매가가 20만 달러까지 치솟은 적도 있었다. 그러나 그가 지나치게 높은 가격을 제시한 탓에 거래는 결국 무산되고 말았다. 텐센트는 해외 업무를 담당하고 있는 왕다웨이가 개인적으로 로버트 헌츠만과 접촉하여 거래하는 전략을 추진했다.

왕다웨이는 헌츠만에게 메일을 보내 개인 홈페이지를 제작할 계획을 슬쩍 흘렸다. 그리고 QQ.com이라는 도메인을 매우 좋아한다면서 도메인 판매 여부를 문의했다. 헌츠만의 긍정적인 답변을 받은 왕다웨이는 10만 달러라는 후한 가격으로

QQ.com 도메인을 구매했다. 변호사 비용과 수수료까지 합쳐 총 11만 달러를 투자한 셈이다. 그야말로 수지가 맞는 장사였다.

이때의 텐센트는 이미 남모르게 성장해 있었다.

중국 선전에 위치해 있는 텐센트 본사　　　　　　▷출처: Wikimedia Commons

마화텅과 텐센트 제국

7

문자 메시지가 텐센트를 수익성 있는 인터넷 기업으로 만들다

2006년부터 텐센트는 줄곧 중국 최고의 인터넷 업체라는 타이틀을 독차지하고 있다. 더욱 놀라운 것은 텐센트의 수익률은 내내 30퍼센트를 웃돌았으며 때로는 50퍼센트를 초과하기도 했다는 것이다.

온라인 광고와 유료회원

중국 안의 다른 인터넷 업체와 마찬가지로 텐센트 역시 처음에는 광고수익에 초점을 맞췄다. 그러나 OICQ의 사용자층을 보면, 26살 이하가 75퍼센트 이상을 차지하기 때문에 광고주들이 많은 관심을 보이지 않았다. 이것은 텐센트가 10주년을 맞이한 시점에도 완벽하게 해결하지 못한 문제로 남아 있었다. 2008년, 텐센트의 사용자 수는 부동의 1위를 지켰지만 네트워크 브랜드 광고수익은 시나와 소후에 이어 3위에 그쳤다.

텐센트는 인터넷 호출 솔루션 판매에서 큰 수익을 얻지 못했고, 온라인 광고를 통해서도 기업을 운영하는 데 필요한 수익을 창출하지 못했다. 이러한 상황에서 텐센트는 '유료회원'이라는 또 다른 길을 걷기 시작했다.

2000년 11월, 텐센트는 회원 서비스 패키지를 판매 개시하면서 유료회원들에게 무료회원들이 누릴 수 없는 새로운 서비스를 제공했다. 유료회원의 연간 회비는 120~200위안 수준이었다.

당시 수천만 명에 달하는 텐센트의 사용자 수와 비교해 볼 때, 초기 약 3,000명의 회원 수는 그야말로 미미한 수준이었다. 그 원인 중의 하나가 바로 텐센트가 약속했던 기능을 제대로 제공하지 못한 것이었고 다른 또 하나는 중국 e비즈니스의 '병목현상'이었다.

마화텅과 그의 창업팀은 황무지를 헤쳐 나가 반드시 새로운 길을 개척해야 했다. 텐센트는 모바일 운영사와 제휴하여 문자 메시지 서비스를 제공하는 길을 택했다.

가상 텔레콤 운영사의 궁극적 환상

마화텅은 익숙하지 않은 일에는 손대지 않는 스타일이다. 룬쉰에서의 근무 경력과 텔레콤 운영사에서 구축한 넓은 인맥을 가진 그는 초기의 수익 패턴을 자연스럽게 통신 분야에 집중했다.

1999년 2월, 텐센트의 실시간 통신 서비스가 출시되자 경영진은 하나의 시스템 아래 GSM 단문 메시지 서비스, IP 전화망을 연동시키는 방안을 제안했다. 아마도 이것은 최초의 실시간 통신 서비스라고 할 수 있을 것이다.

여기에서 주목해야 할 점은 메시지 서비스 기술이 처음 출현한 때는 이동통신 서비스가 이제 막 시작된 1992년이라는 것이다. 그러나 10년 동안 메시지 서비스 기술은 진정한 발전을 하지 못했다. 20세기 말, 차이나 모바일의 메시지 서비스 사용자 수는 300만 명으로 극히 낮은 수준이었다.

중국 최대의 민영 호출기 업체인 룬쉰 출신의 마화텅은 그 안

차이나 모바일은 유무선 전화, 인터넷 서비스 등을 제공하는 중국
의 국영 이동통신 기업이다. 1997년 9월 중국 정부에 의하여 설립된
차이나 텔레콤이 차이나 모바일의 전신이며 본사는 베이징에 있다.
1998년 당시 중국의 이동통신 사업을 독점하던 차이나 텔레콤이 차
이나 모바일과 차이나 유니콤으로 나뉘었고, 이후 뉴욕과 홍콩 주식
시장에 상장되었다. 차이나 모바일은 차이나 텔레콤, 차이나 유니콤
보다 높은 시장 점유율을 보이고 있다.

에 숨겨진 사업기회를 잘 알고 있었다. 그는 파트너와 함께 이
기회를 잡기 위해 마음먹었다.

　2000년 8월 15일, 텐센트사와 광둥이동통신 유한회사는 공
동으로 '즉시통(即時通)-모바일 OICQ' 서비스를 개통했다. 이
서비스를 통하여 텐센트는 OICQ의 유료 서비스를 시작했고 얼
마 뒤 다가올 중국 인터넷 업체의 침체기를 무사히 넘어갈 수 있
었다. 텐센트는 미래를 예견한 지혜로운 판단으로 고비를 넘겼

을 뿐만 아니라 호황을 누리기 시작했다.

2000년 11월, 차이나 모바일은 Monternet(移動夢網-모바일 인터넷, 몬터넷)을 출범시켰다. Monternet의 발전과 더불어 텐센트의 모바일 OICQ는 승승장구하기 시작했다. Monternet이 오픈되기 전에 텐센트의 응용 프로그램은 이미 발달되어 있었다.

차이나 모바일의 다양한 3G 휴대 전화기 전시 모습

제7장 문자 메시지가 텐센트를 수익성 있는 인터넷 기업으로 만들다

텐센트는 Monternet 출범 당시 3대 협력 파트너가 되었다. 첫해에 모바일 OICQ의 프로젝트는 벌써 Monternet 메시지 업무의 절반 이상을 차지했고, 70퍼센트라는 놀라운 점유율에 이르기도 했다. 텐센트는 차이나 모바일의 서비스를 이용하여 서버에 대한 부담을 감소시켰을 뿐만 아니라 새로운 수익 모델을 찾아내기도 했다.

2001년, 문자 메시지 사업의 활기찬 성장으로 인해 텐센트사

2015 12월 17일, 제2차 세계 인터넷 컨퍼런스 포럼에 참석한 마화텅　▷출처: 연합뉴스

마화텅과 텐센트 제국

의 직원 수는 빠른 속도로 증가하여 100명을 돌파했다. 당시 텐센트 COO로서 메시지 프로젝트를 담당했던 쩡리칭은 사무실에 중국 지도 한 장을 걸어놓고 지도에 빨간색과 파란색 두 가지 색상으로 표시했다. 빨간색은 차이나 유니콤을 의미하고 파란색은 차이나 모바일을 의미했다. 누가 그 도시의 이동통신 서비스 시장을 점유하느냐에 따라 해당 색상으로 표시해 두었다. 이 시기 동안 텐센트는 전국 각지에 사무소를 설립했다. 자사 직원이 서버를 들고 운영사의 전산실로 찾아가 업무를 진행하기도 했다. 그야말로 시간과의 싸움이었다.

2001년 6월, MIH가 주주로 들어올 때쯤 텐센트는 마침내 수지균형을 이루었다. 인프라가 빈약했던 텐센트는 중국 인터넷 업계가 맞이한 첫 번째 위기를 순조롭게 넘겼을 뿐만 아니라 시나, 소후, 넷이즈 등 중국 최대 포털사이트보다 한발 앞서 중국 내에서 가장 많은 수익을 창출한 인터넷 업체로 부상했다.

모바일 QQ

텐센트는 Monternet을 출범시키기 전에 이미 모바일 운영사와 적극적으로 협력을 추진했다. 텐센트는 오랜 기간 동안 모바일 QQ에 힘입어 Monternet의 계획 중에서 업무량이 가장 많은 부가서비스 제휴 파트너로 입지를 굳혔다.

모바일 QQ 서비스는 주로 SIM 카드의 메시지 명령을 통하여 구현되며 이러한 메시지 명령은 휴대전화로 편리하게 사용할 수 있다.

텐센트의 모바일 QQ 서비스는 전문적인 업무에 속한다. 전문적인 서비스 제공자(SP)의 우위는 끊임없는 기술 혁신과 창의적인 서비스로, 전문형 SP의 대표주자가 바로 텐센트이다. 텐센트는 다른 서비스 제공자와 달리, 흔히 접할 수 있는 이미지, 벨소리, 게임 등이 아니라 독점적 우위를 점하고 있는 QQ 파생 메시지 서비스에 가장 중요한 무선 부가서비스의 초점을 맞춘다.

차이나 모바일의 메시지 업무량 중에서 가장 큰 비율을 차지하는 모바일 QQ는 메시지 서비스 분야에 새로운 유형을 제시했다. 계속해서 증가하는 모바일 사용자는 모바일 QQ에게 개발을 위한 더욱 넓은 토대를 제공했다. 텐센트는 모바일 QQ 서비스의 방법을 끊임없이 개선하고 유지함으로써 중국 내 SP의 파도 속에서도 흔들리지 않는 기업으로 자리 잡았다.

Fetion QQ 대 휴대전화 QQ

2006년 6월, 차이나 모바일은 자사의 실시간 통신 소프트웨어인 Fetion(飛信)의 베타 버전을 출시했다. 이 소프트웨어는 차이나 모바일이 텐센트의 가장 주요한 라이벌인 마이크로소프트에 위탁하여 개발한 것으로, 모바일 GSM 네트워크를 이용하여 서로 다른 Fetion 클라이언트에서 일반 휴대전화로 메시지를 발송하거나 다중 통화 서비스를 이용할 수 있다.

Fetion의 탄생은 Monternet 창업 계획의 파생효과라고 할 수 있다. 이것은 차이나 모바일이 단순한 운영사에서 운영사와 서비스 제공자의 결합체로 점차 전환하고 있음을 보여준다.

2008년 Fetion QQ의 사용자는 1,000만 명을 돌파했다. Fetion QQ의 추진력으로 Fetion 사용자의 수가 급증하였다. 차이나 모바일은 사용자 증가와 서비스 체험을 지속적으로 유지하기 위하여 계약 만기 후에도 텐센트와의 재계약을 원했다. 단, 배당 비율은 '무료 증정'에서 '반반 나누기'로 변했다.

차이나 모바일이 Fetion을 출시한 후 얼마 지나지 않아 텐센트는 IP 기술을 기반으로 한 휴대전화 QQ를 선보였다. 휴대전화에 QQ 프로그램을 설치하기만 하면 사용자는 GPRS 네트워크를 통하여 QQ 서비스를 이용할 수 있다. 메시지를 기준으로 한 Fetion QQ의 요금제와 달리 휴대전화 QQ는 PV 기준에 따른 요금제를 실시했다. 사용자의 휴대전화 QQ 채팅으로 발생한 PV 요금 수익은 모두 차이나 모바일에 주고 텐센트는 주로 휴대전화 QQ로 발생한 기타 수익을 챙겼다. 그중 게임 수익이 가장 큰 부분을 차지한 것으로 집계됐다.

2007년 6월 5일, Fetion이 공식 상용화에 들어갔다. 차이나 모바일이 제출한 Fetion-QQ 연동방안은 텐센트에게 받아들여지지 않았다. 텐센트 관련 인사의 말에 따르면 실시간 통신 프로그램 사이에서 문자는 연동시킬 수 있었지만, 텐센트 QQ에 기반한 QQ쇼, QQ 애완동물 등 온라인 부가서비스는 확실히 연동이 불가능했다. 2005년부터 시작된 온라인 부가서비스는 문자 메시지 외에 텐센트의 또 다른 주요 수익원이 되었다.

8

억대 규모의 가상 소비 제국

텐센트의 수익 모델은 대부분 QQ의 천문학적 숫자에 달하는 사용자들을 기반으로 하며 이것은 텐센트만의 전유물이다.

뚱보 펭귄 캐릭터를 제작한 둥리항

마화텅은 처음 만들어진 펭귄 캐릭터가 그다지 좋아 보이지 않았다. 내부 디자인 인력이 부족한 상황에서 그는 아웃소싱 디자인 전략을 내놓았다. 1999년 텐센트사는 둥리항(東利行)에게 QQ 카툰 캐릭터 디자인을 의뢰했다.

설립 초기에 둥리항의 회사는 대외무역을 위한 가공업에 종사하는 회사에 불과했다. 둥리항은 주로 헬로키티(Hello Kitty)와

텐센트의 마스코트, 펭귄

텐센트의 QQ 커플 인형. 인터넷 사이트에서 QQ 커플 인형을 구매 대행하고 있다.

디즈니 만화를 위한 직물을 만드는 일을 하면서 만화 캐릭터와 깊은 인연을 쌓았다.

둥리항은 QQ 카툰 캐릭터의 디자인을 의뢰받은 후, 몇 차례 수정을 거쳐 최종적으로 지금의 뚱보 펭귄 캐릭터를 완성했다. 통통한 몸집에 목에 붉은색 목도리를 하고 천진난만한 표정을 짓고 있는 뚱보 펭귄 캐릭터는 큰 인기를 끌었다.

둥리항의 QQ 카툰 디자인팀은 기존의 평면적인 QQ 캐릭터를 입체화하는 작업을 진행했다. 상태별, 의상별, 상황별로 서로 다른 캐릭터 시리즈로 확대 제작하여 QQ 캐릭터 시각 인식 시스템을 구축했다. 또한 QQ 캐릭터에 Q메이(Q妹), 한량(漢良),

마화텅과 텐센트 제국

뒤뒤(多多), 샤오쥐즈(小橘子) 등 인간 친구 캐릭터를 추가로 디자인하여 QQ 카툰 캐릭터의 가족으로 확장했다.

중국 국제하이테크 성과전시회에서 몇몇 텐센트 직원은 뚱보 펭귄 저금통으로 기업 이미지를 홍보하여 예상 외로 큰 호평을 받았다.

텐센트를 위하여 QQ 카툰 캐릭터를 디자인한 둥리항은 QQ가 미래 중국의 유행문화를 선도할 것이라고 예측했다. 이에 QQ 뚱보 펭귄의 파생상품 독점 개발권을 얻기 위하여 둥리항은 충분한 성의를 표시했다.

마화텅은 당시 상황을 다음과 같이 회상했다.

"그는 만나자마자 몇십만 위안을 투자하며 제휴를 제안했습니다. 우리는 회사를 홍보하는 동시에 저작권 수수료도 톡톡히 받을 수 있었습니다."

텐센트는 둥리항으로부터 10퍼센트 이상의 대행료를 챙길 수 있었다. 당시 헬로키티(Hello Kitty)와 같은 회사의 대행료가 5퍼센트 수준에 머물렀다는 사실을 감안할 때 파격적인 대우였다.

2000년 12월, 텐센트사는 둥리항과 계약을 체결했다. 둥리항은 텐센트사의 위임하에 QQ 상표와 로고 관련 제품의 독점 대행 개발권을 확보했다.

2001년 10월 5일, 최초의 'Q-GEN' 브랜드 매장 개업식이 광저우에서 열렸다. 이 상점에서는 QQ 브랜드의 의류, 완구, 손목시계 등 다양한 제품을 전문적으로 판매한다. 광저우에서 Q-GEN 1호점이 오픈된 뒤 큰 인기를 끌면서 매장이 300개까지 늘어났다.

이로써 QQ는 드디어 중국의 차세대 젊은이들이 가장 선호하는 캐릭터로 자리매김했다.

과도하게 범람한 Q 머니

텐센트라는 항공모함은 인터넷의 바다에서 순풍에 돛 단 듯 일사천리로 전진했다. 그러나 전진하는 과정에서 암초에 부딪혀 잠시 주춤했던 때도 있었다. 그중 최대의 암초가 바로 Q 머니이다.

2001년 중국 내 유료 온라인 게임 유저는 168만 명에 육박했고 2002년에는 400만 명으로 급성장했다. 이 시기에 중국 내 온라인 게임 산업은 매우 빠르게 발전하면서 점차적으로 산

2016년 3월 5일, 제12회 전국 인민 대표 대회의 오프닝 세션에서 패널 토론에 참여한 마화텅

▷출처: 연합뉴스

업 체인을 형성해 나갔다. 이러한 산업 체인에 포함된 온라인 게임 포인트 카드, 판매루트, 대리 판매상 등은 온라인 게임 산업의 발전과 더불어 고속 성장을 이루었다.

이 시기에 QQ도 전례 없는 사용자 가속 성장기를 맞이하면서 등록된 사용자 수가 1억 명을 넘어섰다. 중국의 네티즌들은 QQ의 서비스를 마음껏 누리며 온라인 게임에 대한 무한한 사랑을 보여주었다. 나날이 풍부해지는 제반 서비스를 제공하던 텐센트는 더 이상 회원카드(회원 서비스 구매에 한함)와 통신지불 시스템에 의존할 것이 아니라 자사의 지불 시스템을 구축해야 할 필요성을 느꼈다. 이렇게 구축한 지불 시스템 중의 가상 머니를 'Q 머니'라고 부른다.

2005년 5월, 텐센트사는 가상 머니 시스템을 개발해 내고 'Q 머니'를 선보였다. 1Q 머니는 1위안이다. 사용자는 요금을 지불한 후 카드번호와 비밀번호를 이용하여 지불한 요금에 상당한 QQ 관련 서비스를 충전한다. 다시 말하면 사용자가 Q 머니를 구매하지 않으면 Q 머니는 존재하지 않는다. 즉, Q 머니의 가치와 사용자의 충전 가치가 연결되는 것이다.

Q 머니 시스템을 고안한 후, 텐센트는 무선 사업에서 오랫동안 협력해 온 텔레콤 운영사의 수금 대행 계획을 채택하여 실시했다. 이로써 텐센트는 무선 부가서비스 외의 수익을 올리게 되었다.

Q 머니의 유동성은 단방향이다. 사용자는 Q 머니를 충전한 후에는 위안화로 환전할 수 없다. 따라서 사용자가 Q 머니를 사용하는 속도 및 Q 머니의 지속적인 사용 여부는 텐센트의 생존

을 결정하는 중요한 요소가 되었다.

Q 머니 지불 시스템은 텐센트가 인터넷 분야에서 지배적인 위치가 되기 위한 고도의 전략적 수단이었다. 이 지불 시스템으로 인하여 유저들에게 '계정'에 대한 새로운 인식이 생겼고 유저들은 모바일 충전, 음성 충전, 카드 충전, 가상카드 충전, 인터넷 뱅킹 충전 등 다양한 충전 방법을 이용하기 시작했다. 이것은 텐센트가 소액 지불 면에서 막강한 기능을 보유하도록 했다. Q 머니 지불 시스템은 텐센트의 인터넷 부가서비스를 위한 수많은 인터넷 게임 제품에 대한 비용을 지불하는 방법이 되었다.

계정 도용 사기 및 해킹

Q 머니는 텐센트의 지불 시스템에서 한쪽 방향으로만 움직인다. 위안화로 Q 머니를 구매할 수 있지만 Q 머니를 위안화로 환전하는 것은 불가능하다. 즉, Q 머니는 모바일 충전과 마찬가지로 선불제이다. 그러나 얼마 지나지 않아 불법적인 방법으로 원가보다 싸게 Q 머니를 구매하는 일이 발생하기 시작했다. 이것은 Q 머니의 역방향 유통을 유발시켰고, 텐센트는 상장 이후

최대의 문젯거리인 계정 도용 문제에 직면하게 되었다.

계정 도용 행위를 통하여 얻을 수 있는 이익은 하나의 거대한 암시장을 형성하였고, 트로이 목마 바이러스의 전파를 통한 계정 도용 및 온라인을 통한 장물 처분에 이르는 완벽한 산업 체인이 만들어졌다. 이러한 암시장의 성장에 맞서 텐센트는 때늦은 대책 마련에 나섰다.

텐센트는 기술적 수단으로 트로이 목마 바이러스와 계정 도용에 대한 보안 방호 조치를 강화하는 동시에 법률적 수단을 빌려 Q 머니의 암거래를 차단했다.

그러나 뛰는 놈 위에 나는 놈이 있는 법, Q 머니로 큰 이익을 얻을 수 있다는 유혹 때문에 QQ 보안은 여전히 위협을 받았다. QQ와 계정 도용자들 사이의 전쟁은 앞으로도 계속될 전망이다.

계정 도용 외에도 텐센트의 발목을 잡는 또 하나의 문제는 QQ를 이용한 온라인 사기행각이다. 2008년 9월, 선전과 하이난 경찰 측은 QQ를 이용한 사기단을 적발하여 11명의 용의자를 체포했다. 용의자들은 범죄 사실을 시인하고 법적 제재를 받았다. 또한, 2008년 원촨(汶川) 대지진이 발생한 후 일주일 사이에 텐센트의 이름으로 '자선 캠페인'을 사칭하며 사기행각을 벌인 7건의 사건도 있다.

계정 도용, 온라인 사기 등의 문제를 제외하고도 텐센트의 골칫거리 중의 하나는 바로 해킹이다.

2008년 12월 24일 19시, 텐센트사가 관리하는 Qzone 및 많은 온라인 게임이 서버에 접속되지 않는 상황이 발생했다. 실제 상황은 매우 심각했다. 에러가 발생한 후, 일부 QQ 사용자들은 QQ 그룹 채팅에서 자신이 발송한 문자만 볼 수 있을 뿐, 다른 사람이 발송한 문자는 볼 수 없었다. 또한 단독 채팅을 할 때에도 상대방의 문자를 수신할 수 없는 상황이 벌어졌다. QQ 메일은 로그인이 차단되었고 많은 온라인 게임은 사용자가 비밀번호를 정확하게 입력했는데도 비밀번호 오류로 표시되었다.

텐센트에 있어서 이러한 해킹 사건은 종종 찾아오는 '손님'과 같다. 마화텅은 해킹에 대하여 다음과 같이 말한다.

"이것은 전쟁입니다. 많은 해커가 고학력자이고 뛰어난 기술을 갖고 있습니다. 따라서 우리는 기술적 수단으로 해킹 사건에 대처하고 싸우는 길밖에 없습니다."

텐센트의 제품과 서비스가 사용자들의 환영을 받는 한, 텐센트가 벌이는 해커와의 전쟁은 계속될 것이다.

9

마이크로소프트와의
전쟁에서 승리한 텐센트

전 세계적으로 마이크로소프트가 손을 뻗은 분야라면 그 분야에서 다른 기업이 살아남기란 거의 불가능하다고 보아도 과언이 아니다. 마이크로소프트가 라이벌을 제압하는 무기에는 두 가지가 있다. 하나는 무료 서비스이고 다른 하나는 윈도우 운영체제 내에서의 바인딩이다.

텐센트와 마화텅은 마이크로소프트의 위협을 실감하며 공포에 휩싸이기도 했다. 강력한 라이벌인 마이크로소프트 앞에서 텐센트에게 다른 선택은 없었다. 마화텅과 텐센트는 반드시 정면 대응에 나서야 했다. 이에 텐센트는 다음과 같은 몇 가지 대책을 내놓았다.

첫 번째 대책은 '눈에는 눈, 이에는 이' 식의 스카우트이다. 텐센트는 슝밍화 마이크로소프트 MSN 글로벌 제품 매니저를 성공적으로 영입하여 장즈둥과 함께 연석 CTO(최고기술책임자 및 경영자)를 맡게 했다.

슝밍화는 1987년 국방과학기술대학교를 졸업하고 1990년에 중국국방과학기술 정보센터에서 석사학위를 수여받았으며 중국과학원 소속의 한징(漢京)회사에서 개발부 매니저로 일했다.

1991년 미국행을 택한 슝밍화는 IBM를 거쳐 1996년 마이크로소프트에 입사했다. 그 뒤 슝밍화는 마이크로소프트 MSN 글로벌 제품 매니저를 맡아 Internet Explorer 4.0, Windows 2000과 Windows ME 등 획기적인 제품 개발 프로젝트에 참여했다. 슝밍화의 MSN 경력을 높이 평가한 텐센트는 결국 스카우트를 결정하고 슝밍화를 성공적으로 영입하였다.

2005년 봄, 텐센트는 보다(博大)를 인수하여 상장 이후 첫 대형 인수 프로젝트를 성공시켰다. 이 프로젝트의 성공으로 텐센트는 마이크로소프트와의 쟁탈전에서 자신의 입지를 확고히 했

마화텅과 텐센트 제국

다. 보다의 장샤오룽(張小龍, Foxmail의 개발자)은 텐센트 광저우 지사의 사장직을 맡았고, 그의 직원 20명은 텐센트 광저우 지사의 구성원으로 탈바꿈했다.

텐센트가 보다를 인수한 까닭은 Foxmail의 기술과 사용자 우위를 높이 평가했기 때문이다. 마화텅은 QQ의 이메일 기술이 마이크로소프트, 야후, 시나에 미치지 못한다고 인정한 바 있다. Foxmail은 텐센트 QQ가 한 단계 도약할 수 있는 기회를 가져

● 장샤오룽과 Foxmail

장샤오룽은 전기통신 공무원 생활을 하다가 중국에 인터넷 열풍이 불 때 과감히 공무원을 그만두고 소프트웨어 개발에 뛰어들었다. 통신에 대한 재능과 전문적인 지식을 바탕으로 뛰어난 프로그래머가 된 장샤오룽은 2000년 Foxmail을 개발하였다. 그 당시 텐센트의 사용자가 약 10만 명이었던 반면에 Foxmail의 사용자는 수백만 명이었다고 한다. 장샤오룽은 Foxmail을 통한 광고 수익을 포기하고 사용자들에게 무료로 서비스를 제공하다가 경영 악화로 결국 Foxmail을 텐센트에 팔게 되었다. 이로써 장샤오룽은 텐센트의 구성원이 되었고 연구 개발 업무를 맡으면서 QQ 메일팀을 책임지게 되었다.

다주었다. 이메일 기술은 주요 포털사이트 사이에서 경쟁의 초점이기 때문이었다.

마이크로소프트 배경을 갖춘 슝밍화를 스카우트하고 Foxmail을 얻게 됨에 따라 텐센트는 소프트웨어 분야에서 마이크로소프트를 저격하기 위한 계획을 실행하기 시작했다. 2006년 봄, 텐센트는 MiniFox 무료 메일 툴을 출시했다. 그러나 슝밍화를 대표로 한 마이크로소프트의 소프트웨어 구상과 장샤오룽을 대표로 한 현지 개발자의 지혜를 융합시킨 이 프로젝트는 기대 이하에 머물렀다. 텐센트의 첫 번째 작전은 실패했다. 소프트웨어 분야에서 마이크로소프트와의 경쟁은 달걀로 바위를 치는 격이었다. 예고된 실패였다.

2004년, 텐센트는 실시간 통신 소프트웨어인 Tencent Messenger(TM이라고 약칭함)를 선보였다. TM의 포지셔닝과 제품의 특색 면에서 살펴볼 때, 마이크로소프트의 MSN 및 NetEase의 PaoPao와 같은 타사의 실시간 통신 소프트웨어를 겨냥한 제품임이 분명했다. 그러나 TM 역시 이렇다 할 성적을 내지 못했다. 나중에 TM은 Foxmail과 통합됐지만 그때에도 기대에 미치지 못했다.

텐센트는 마이크로소프트에 대한 벤치마킹, 아니 '표절'까지 감행했지만 결국 기대를 만족시키지 못하였다. 마화텅은 전략을 바꾸었다. 그는 자신이 우위를 점할 수 있는 방식과 책략으로 마이크로소프트 MSN의 중국 확장에 대한 반격에 나섰다.

빨리 달리고 고속으로 전환하기, 이것이 마화텅의 특별한 승리 비법이다. 다음은 마화텅이 항상 강조하는 말이자 전진하는 방식이다.

"우리는 빠른 시간 내에 반응할 수 있다. 예를 들어 토요일에 사용자의 피드백을 받았다면 빠르게 수정하여 다음 주 월요일에 보여줄 수 있다. 빨리 해치우고 고속으로 전환하는 것은 매우 중요하다. 사용자의 평가를 기반으로 제품을 끊임없이 개선하고, 모범으로 삼을 만한 좋은 아이디어가 있으면 바로 시도해야 한다."

많은 사람은 텐센트의 핵심 경쟁력이 시장 점유율에 있다고 말한다. 하지만 마화텅은 텐센트의 핵심 경쟁력은 순수한 점유율이 아니라 실시간 통신의 사용자 존과 커뮤니티라고 말한다.

텐센트와 마이크로소프트가 실시간 통신 시장에서 쟁탈전을 펼치던 후반기, 텐센트가 2003년에 시도한 사용자를 기반으로 한 부가서비스는 마이크로소프트를 견제하는 효과적인 수단이 되었다. 텐센트는 커뮤니티의 지원 덕분에 새로운 기능을 지속적으로 개발해 낼 수 있었다. 반면에 마이크로소프트는 이러한 새로운 기능에 대한 이해가 부족했다. 미국에서는 유행하지 않거나 시장성이 없는 기능들이 아시아 시장에서는 붐을 일으키며 유행을 선도했다. 본사가 중국이 아닌 미국에 있고 반응이 상대적으로 느렸던 마이크로소프트는 반 박자씩 늦었다.

텐센트가 마이크로소프트를 견제하는 과정에서 적용한 전술이 바로 마화텅이 텐센트사 내부에서 줄곧 강조하는 발 빠른 개선 및 사용자 체험의 중요성이었다. 이 두 가지 전술은 주효했고, 마화텅은 이에 대하여 매우 큰 자부심을 느꼈다고 말한다.

마화텅은 진정으로 빌 게이츠의 존중을 받는 라이벌로 성장했다. 더 중요한 것은, 마화텅의 비즈니스 사고 속에서는 동양의 지혜가 늘 빛을 발한다는 점이다. 이러한 측면은 마화텅의 업적을 더욱더 주목할 만한 것으로 만들어 준다.

10
포털사이트와
검색엔진 시장에 진출하다

1996년 이후, 야후(Yahoo)는 점차 사이트 검색엔진에서 포털 사이트로의 변화를 꾀했다. 사이트 검색엔진으로서의 야후는 구글(Google)을 따라 사용자가 곧바로 다른 사이트로 이동하여 자신이 원하는 것을 검색하게 하는 원칙을 적용했다. 하지만 포털사이트로 전환한 뒤, 야후는 사용자로 하여금 자체 사이트에 오랫동안 머무르게 하는 전략을 택했다. 2003년, 마화텅도 이 분야로 눈길을 돌렸다.

QQ.com

텐센트의 포털사이트 운영은 업계 내에서 호평을 받지 못했고 사내에서도 지지를 얻지 못했다. 하지만 마화텅은 거센 반대에도 불구하고 포털사이트 운영을 고집했다.

2003년 12월, QQ.com이 조용히 출시되었다. 그 당시 마화텅은 포털사이트 분야로의 진출에 대해 다음과 같이 말했다.

"우리는 Sina.com, Sohu, NetEase, 그리고 Tom과 다릅니다. 따라서 텐센트가 포털사이트 분야에 진출했다는 말은 정확히 맞지 않습니다."

출시한 첫해, QQ.com은 주로 텐센트의 사용자 니즈에 대한 이해와 차별화로 발전해 나갔다. 마화텅은 직접 QQ.com의 메인 페이지 디자인에 참여하였다. 적극적으로 학습하고 참여하는 마화텅의 자세와 제품 개발의 핵심을 찌르는 그의 의견은 함께 일하는 직원들의 감탄을 자아냈다. 2003년까지는 세 가지 주요 포털사이트들이 중대 사건을 보도하는 형태를 이루었다고 말해도 될 것이다. 이러한 틀 속에서 마화텅은 헤드헌터를 통하여 Tom과 NetEase에서 콘텐츠 감독을 맡았던 쑨중화이(孫忠懷)를

QQ.com 사이트의 화면. 다양한 정보 서비스가 제공되고 있다.

제10장 포털사이트와 검색엔진 시장에 진출하다

2016년 3월 5일, 중국 베이징에서 열리는 제12회 전국 인민 대표 대회에 참석한 마화텅
▷출처: 연합뉴스

스카우트하여 포털사이트 업무를 맡겼다. 소속팀의 구성원들도 대부분 대형 포털사이트 분야에서 오랫동안 일한 경험이 있는 경력자들로 포진시켰다. 그래서 텐센트가 처음 구성한 인터넷 뉴스 취재 팀이었는데도 중대 사건에 대한 반응 속도가 다른 포털사이트에 비해 전혀 뒤지지 않았다.

그다음에 텐센트는 QQ 고객의 엄청난 우위를 활용하는 방법에 대한 다양한 생각을 짜내기 시작했다. 2004년, 텐센트는

마화텅과 텐센트 제국

QQ 고객 기반을 이용하여 실시간 뉴스를 발표하고 미니 메인 페이지, 시스템 메시지, 뉴스 다이렉트 메일 등의 형식으로 올림픽 관련 뉴스를 1,000만 명이 넘는 동시 온라인 QQ 사용자들의 PC 바탕화면에 전달함으로써 자신의 우위를 유감없이 발휘했다.

그와 동시에 텐센트는 당시 QQ의 주요 사용자인 청년층을 분석하고 이들이 가장 즐겨 보는 뉴스가 무엇인지를 조사했다. 이러한 분석 결과를 바탕으로 QQ.com은 오픈 초기에 연예뉴스를 집중적으로 노출시켜 젊은이들이 뉴스를 보기 위하여 QQ.com에 습관적으로 접속하도록 만들었다.

이후 텐센트는 QQ.com 사이트에서 Qzone, 이메일, 온라인 앨범과 동영상 공유 등 다른 곳에서는 제공하지 않았던 많은 서비스를 선보였다. 얼마 지나지 않아 QQ.com의 조회 수는 Sina.com을 초월하여 Baidu.com에 버금가는 중국 제2의 대형 사이트로 급부상했다. 텐센트의 계획은 사용자를 더 많이 끌어들여 기업을 확장하는 것으로, 그 첫 번째 단계를 강력하게 구축하였다. 텐센트는 QQ.com이 초보적인 성적을 거둔 시점에서 더 많은 사용자들을 모을 수 있었다.

2005년 말, 텐센트는 시나, 넷이즈, 소후 등 포털사이트로부터 500명의 경제, 문화, 과학기술 채널의 편집자를 스카우트하여 콘텐츠의 힘을 강화했다.

2006년부터 텐센트는 중국 공영 방송인 CCTV의 '감동 중국(感動中國)'이라는 프로그램을 따라 '임팩트 차이나(影響中國)' 프로그램을 만들었다. 이 프로그램을 통하여 사람들의 삶에 가장 큰 영향력을 발휘한 엔터테인먼트, 비즈니스와 사회 분야의 사건들과 인물들을 선정하여 네트워크 시상식을 개최하였다. 또한 텐센트는 자체적으로 주식 시세 시스템을 개발하고 잉글랜드 프리미어리그 생중계권을 구매하는 등 다양한 콘텐츠 투자를 진행했다.

2008년 4월, 텐센트는 상하이 엑스포의 유일한 인터넷 서비스 스폰서가 되었다. 이로써 텐센트는 수많은 엑스포 콘텐츠 자원을 보유하게 되었고, 유일하게 엑스포 로고를 사용할 수 있는 광고 매체가 되었다.

2007년, 텐센트는 3년 안에 중국의 포털사이트 3위권 진입

목표를 실현하였고 인터넷 광고수익은 넷이즈를 넘어서서 시나, 소후에 이어 3위를 차지했다.

2008년 원촨 대지진, 베이징 올림픽 등 중대 사건 보도에서도 텐센트는 플랫폼 우위를 바탕으로 자사의 제반 제품을 충분히 이용하여 그 어떤 포털사이트에도 뒤지지 않는 인터넷 보도와 인터넷 교류를 진행하였다.

인터넷 광고와 같이 수익패턴이 명확하고 더 큰 발전 가능성이 있는 분야에서 3위권에 든 텐센트는 리더가 되기 위한 노력을 쉽게 포기할 수 없었다. 텐센트는 벤치마킹 외에도 다양한 방법으로 차별화하고 발전을 모색하는 막강한 능력을 보여주게 된다.

인터넷의 중심에 서다

1998년에 처음 텐센트사를 설립할 당시 마화텅은 실시간 통신이 텐센트를 중국 최대의 인터넷 기업으로 키워 줄 줄은 꿈에도 생각하지 못했다. 마치 같은 해에 설립된 구글(Google)이 검색엔진이 인터넷의 중심이 될 줄은 꿈에도 생각하지 못했던 것처럼 말이다.

2005년 2월 4일, 텐센트는 구글의 웹페이지 검색창을 통해 텐센트의 주요한 인터넷 검색 서비스를 진행했다. 여기에는 QQ 실시간 통신의 클라이언트, 빠르게 발전하는 포털사이트 QQ.com, 브라우저 TT 및 기업 실시간 통신 툴인 TM와 RTX가 포함된다. 이 서비스의 초기 목적은 QQ 사용자 서비스의 업무 협력을 강화하려는 것이었지만 이것은 오히려 텐센트가 인터넷의 중심인 검색엔진 시장으로 향하는 문을 열어 주었다.

텐센트 산하의 검색 사이트 소소(搜搜, www.sogou.com)는 2006년 3월에 정식으로 오픈되었다. 2008년, 소소는 텐센트 자체의 강력한 지원 능력을 바탕으로 중국 내에서 세 번째로 큰, Baidu와 구글에 버금가는 중국어 검색엔진으로 자리매김했다. 소소의 인터넷 검색은 오늘날까지도 주로 구글에 의존한다. 다른 점이라면 많은 키워드를 검색할 때 소소 웹사이트의 윗부분에 구글과 다른 편집 검색 결과를 볼 수 있다는 점이다. 이것은 구글에서의 Onebox와 비슷한 개념이다.

소소는 웹사이트 검색 외에 예능과 커뮤니티 검색에도 중점을 두었다. 예를 들어 자체로 개발한 사진과 음악 검색 및 사용자 Q&A, 텐센트 Q&A 등이 있다. 이와 동시에 자체 우위를 발휘하여 특유의 Qzone 검색을 개발했다. 마화텅의 일관적인 제품 콘셉트를 중심으로 생각해 볼 때, 마화텅에게 가장 중요한 것은 '자주적인 기술인가, 선도적인 기술인가'가 아니라 '하나의 브랜드를 통하여 사용자에게 최상의 서비스를 제공할 수 있는가'라는 것을 알 수 있다.

반격을 노리는 다원화의 길에서 마화텅은 '전쟁으로 전쟁을 먹여 살리는' 전술을 구사하였다. 그는 장기적인 프로젝트에 엄청난 인내심을 갖고 있었다. 텐센트의 내부에서 제기된 '제품 라인이 지나치게 긴 문제'에 대하여 마화텅은 다음과 같이 말한다.

"밥을 먹을 때에 밥그릇을 보면서 마음은 가마 안의 곡식에 가 있어야 하고, 더 나아가서 이삭이 자라는 밭도 생각해야 합니다. 한 가지 업무를 진행하려면 다른 업무를 통하여 그 업무를 키워야 하고, 그 업무가 안정적으로 자리를 잡은 후에는 또 다른 업무를 키워주어야 합니다."

11

게임 시장에서의 결전

평소 게임을 즐기는 마화텅은 중국 네티즌들이 인터넷 게임을 하는 데 점점 더 많은 시간을 쏟고 있고, 이에 따라 게임 회사들이 거대한 이익을 얻는 것을 발견했다. 마화텅은 게임 분야에서 돈을 벌고 싶은 욕망을 억제할 수 없었다. 전반적인 게임 시장을 놓고 보면 100여 개쯤 되는 게임 회사가 온라인 게임을 통해 수익을 창출하고 있었다. 마침내 마화텅은 온라인 게임 시장에 진출하기로 결정했다.

2002년 초봄, 텐센트 경영진 사이에 온라인 게임과 관련하여 논쟁이 벌어졌다. 자체적으로 온라인 게임을 제작할 것인가, 아니면 온라인 게임을 대행할 것인가? 대형 온라인 게임을 개발할 것인가, 아니면 레저형 온라인 게임을 제작할 것인가? 온라인 게임의 개발이 실패할 경우 어떻게 대응해야 하는가? 온라인 게임을 대행할 경우, 어떤 게임을 선택하고 운영본부를 어디에 둘 것인가? 이러한 수많은 물음이 쟁점으로 떠올랐다. 결국 텐센트는 한국에서 게임을 선정하여 대행하는 방식으로 온라인 게임 분야에 진출하기로 결정했다.

이러한 배경으로 텐센트가 수입한 한국 게임 〈세피로스(凱旋)〉는 텐센트의 입지만큼 큰 성공을 거두지는 못했지만 텐센트사의 또 하나의 새로운 수익 성장점과 사업이 되었다. 〈세피로스〉는 투자한 본전만 회수한 정도였지만, 중요한 것은 텐센트가 온라인 게임 분야에 발을 들여놓았다는 점이다.

● 온라인 게임과 텐센트

텐센트는 중국 온라인 게임 업계 1위 기업이다. 텐센트는 심사숙고 끝에 온라인 게임 시장에 뒤늦게 뛰어들었지만 다양한 연령대의 사람들이 즐길 수 있는 종합 게임 플랫폼을 내놓으면서 성공을 거두었다. 마화텅의 텐센트는 온라인 메신저 QQ로 시작하여 지금은 온라인 게임으로 많은 수익을 올리고 있다.

마화텅과 텐센트 제국

2005년 6월에 출시한 'QQ 애완동물'은 가상 애완동물을 키우는 프로그램이다. 디지털 애완동물의 진화과정을 보여주는 면에서는 별다른 혁신은 없었지만, 사용자들을 전자 기기로 병아리를 키우던 1990년대로 되돌아간 듯한 추억에 빠지게 하면서 인기를 끌었다.

QQ 애완동물은 이미 QQ 사용자들의 사랑을 듬뿍 받아 온 뚱보 펭귄 캐릭터를 바탕으로 QQ 자체의 강력한 프로모션을 통하여 사용자 수가 점점 늘기 시작했다. 2006년 7월에는 최고 동시 온라인 사용자 수가 100만 명을 초과하는 기적을 이룩하며 중국 아니, 세계 최대의 네트워크 가상 애완동물 커뮤니티를 만들었다.

기존의 디지털 애완동물과 달리, 가상 애완동물은 더 많이 의인화되어 사용자 자신 또는 사용자의 아이처럼 실제 같은 현실감을 느끼게 된다. QQ 애완동물은 먹이를 받아먹고 공부하고 일하고 놀고 결혼하고 여행하는 등의 다양한 가상 레저, 오락 체험을 선사했다. 후속적인 제품 개선 과정에서 텐센트는 QQ 애완동물의 사육 과정을 세밀하게 구성하는 동시에 QQ 애완동물과 사용자 사이의 교류를 더욱 친밀하게 만들어 주고, 새로운 QQ 애완동물의 종류를 끊임없이 디자인했다. 펭귄 외에 돼지해를 맞이하여 돼지를 새로운 애완동물로 디자인하기도 했다.

플랫폼 운영 우위를 갖고 있는 텐센트 게임이 앞으로 진행해야 할 일은 최대한 제품 라인을 풍부하게 갖추고, 텐센트의 플랫폼을 통하여 게이머들에게 다양한 소재와 유형의 게임을 제공하는 것이다.

몬스터헌터 온라인 게임 화면이다. 몬스터헌터 온라인은 텐센트와 캡콤(주)가 제작하여 서비스하고 있는 온라인 액션 게임이다.

마화텅과 텐센트 제국

텐센트의 온라인 게임 시장 진출을 두고 류즈핑(劉熾平) 텐센트 총재는 2008년 텐센트 제3분기 재무보고 전화회의에서 다음과 같이 말했다.

"우리는 플랫폼 전략을 견지하고 하나의 게임마다 거액의 가치를 부여할 것입니다. 우리의 노하우는 새로운 게임을 개발하는 데 도움이 될 것입니다."

나루토 온라인 게임 화면이다. 나루토 온라인은 텐센트와 일본의 게임회사가 공동으로 개발하고 텐센트가 제작하여 서비스하고 있는 온라인 RPG 게임이다.

큐큐 게임닷컴 화면 이미지이다. 다양한 종류의 게임이 서비스되고 있다는 것을 알 수 있다.

마화텅과 텐센트 제국

12

텐센트식 혁신

텐센트의 소프트웨어센터 제품대전 홈페이지(http://pc.qq.com/)를 열어보면 텐센트가 거의 역방향으로 실시간 통신 분야의 QQ, TM, RTX와 휴대전화 QQ 및 메일 클라이언트 Foxmail, 브라우저 TT, 다운로드 툴, 입력법 QQ 병음, 동영상 플레이어-QQ 플레이어, 동영상 생중계 소프트웨어 QQ Live, 오디오 플레이어-QQ 뮤직, 보안 QQ 닥터 등 다양한 분야에 진출해 있다는 것을 발견할 수 있다. 텐센트는 사용자들이 다양한 소프트웨어를 편리하게 사용할 수 있도록 돕기 위하여 '텐센트 소프트웨어 관리'라는 프로그램을 출시하기도 했다. 텐센트의 다양한 프로그램들은 많은 사람이 사용하고 있고 평가도 좋은 편이다.

최근 2년 동안 인터넷 창업자들은 벤처투자를 유치하는 과정에서 종종 "텐센트가 당신의 분야에 손을 뻗는다면 어떻게 할 것인가?"라는 질문을 받기도 한다. 이러한 질문 앞에서 전전긍긍하는 모습을 보이지 않고 태연할 수 있는 사람은 거의 없을 것이다.

모방자 또는 혁신자

텐센트가 중국 인터넷 판도의 거의 모든 영역에서 경쟁력을 갖출 수 있는 원인은 어디에 있을까? Pony Ma(마화텅)는 왜 'one trick pony(하나의 기술밖에 모르는 작은 망아지)'가 되지 않았을까?

그 원인은 간단히 다음 두 가지로 결론 내릴 수 있다.

하나는 QQ의 '사용자 점착도'이다. 어느 분야에 발을 들여놓든지 QQ의 충실한 사용자들의 이동은 방대한 PV와 잠재적인 자금 유동으로 작용한다. 다른 하나는 '모방자' 설이다. 텐센트는 그 어떤 분야에서도 혁신자가 되지 않는다. 모방에 능한 텐

● 텐센트 QQ의 위력

텐센트 QQ의 가장 큰 장점은 숫자로 구성된 QQ 아이디 하나만 있으면 QQ 포털사이트, QQ 온라인 게임, QQ 모바일 게임, QQ 존 등 QQ의 모든 서비스를 편안하고 편리하게 즐길 수 있다는 것이다. 텐센트의 각양각색의 서비스와 상호 연동되는 QQ 계정은 시너지 효과를 높일 뿐만 아니라 엄청난 위력을 발휘하게 된다. 중국 사업가들의 명함 뒷면에는 QQ 번호가 선명하게 적혀 있을 정도이며 중국 사람의 하루는 QQ에서 시작하여 QQ로 끝난다고 해도 과언이 아니다.

QQ 뮤직 화면. QQ 뮤직에서 다양한 음악 서비스를 즐길 수 있다.

센트는 좋은 제품을 보면 바로 모방하여 제품 라인을 확장하고 QQ의 플랫폼을 이용하여 사용자를 확보한다.

그렇다면 모방은 텐센트에게 어떤 의미일까?

초월형 모방

초월형 모방은 처음부터 마화텅의 제품 철학이었다. 마화텅은 창업 전에 주패카드(股霸卡)를 개발했다. 그는 몇몇 친구들과 함께 시중에서 판매 중이던 각종 주식판카(股票板卡)를 사서 일일이 해체하여 분석한 다음, 기존 제품보다 한 수 위인 주패카드를 개발하였다.

● 텐센트의 모바일 메신저, 위챗

텐센트는 모바일 메신저로 위챗(WeChat)을 서비스하고 있다. 2011년 1월에 출시된 위챗은 중국어로 '웨이신'이라고 부르며 우리나라의 카카오톡과 비슷하다고 생각하면 된다. 우리나라 사람이 카카오톡을 스마트폰에 깔고 즐겨 쓰듯 이 중국 사람들은 위챗을 깔고 즐겨 쓰고 있다. 이모티콘 스티커를 팔거나 게임 서비스를 제공하고 모바일 결제를 하는 위챗의 대표적인 사업모델은 카카오톡과 매우 비슷하다.

마화텅과 텐센트 제국

또한 턴센트의 기반을 구축한 최초의 제품인 OICQ도 개발 초기에는 마화텅에 의해 초월형 모방이라는 이념의 영향을 많이 받았다. 당시 ICQ의 명성은 자자했지만 문제점이 적지 않았다. ICQ를 기반으로 만든 OICQ는 초반부터 문제점들을 보완해 나갔다.

텐센트의 여러 가지 제품을 살펴보면, 해당 분야에서 1위를 차지하는 텐센트 제품은 무조건 그 분야에서 사용자의 요구를 가장 잘 만족시키는 제품이라는 것을 알 수 있다.

마화텅이 이끄는 텐센트가 이러한 초월형 혁신을 추진할 수 있는 원인은 두 가지로 설명할 수 있다. 하나는 제품을 개발할 때 기존 제품의 우위와 단점을 충분하게 검토하는 것이다. 다른 하나는 사용자의 민감한 요구에 발 빠르게 반응하는 것이다. 이 것은 텐센트식 혁신의 진정한 동력이기도 하다.

고객의 요구를 만족시키는 혁신

텐센트가 연구 개발한 제품과 제품 개선에는 모두 고객의 요구가 명확하게 반영된다. 고객의 요구가 QQ 그룹 등 텐센트만의 기막힌 혁신을 탄생시켰다고 해도 과언이 아니다.

텐센트는 히트 제품 개발로 성공한 회사와 똑같은 행운을 갖고 있다. 그 행운은 바로 창업자와 초창기 멤버들이 해당 제품의 마니아라는 점이다. 이들은 고객의 생각을 꿰뚫어 보거나 자신의 요구를 제품 개선과정에 직접 도입한다.

각종 BBS는 텐센트의 활성 사용자들이 자주 의견을 말하는 플랫폼이다. 텐센트는 전문 인력을 배정하여 각종 BBS에서 텐센트의 제품에 대한 사용자의 다양한 의견을 수렴하게 한다. 이와 동시에 A/S 센터에서도 고객의 의견을 수렴한다. 텐센트의 A/S 센터에는 매일 고객들의 문의전화가 빗발친다. 그중 제품 사용에 대한 정보는 최종적으로 제품 부서에 전달되어 제품을 보완하고 개선하는 바탕이 된다. 일부 울트라 유저들은 텐센트사의 요청을 받고 신제품 체험에 참여하기도 한다. 텐센트의 엔지니어들은 일부 시스템을 이용하여 이러한 사용자들의 사용 체험을 관찰하고 평가하고, 그 결과를 제품 개선에 반영하여 더 많은 사용자들을 끌어들이는 데 기여한다.

2016년 6월, 광둥성 선전시에서 열리는 국제회의 혁신과 기업가정신 교육대회에서
연설하고 있는 마화텅
▷출처: 연합뉴스

미래지향적 비축

2006년 7월, 혁신센터가 텐센트 선전 연구 개발센터로부터
분리되어 텐센트의 혁신업무를 전문적으로 담당하는 기구로 승
격되었다. CTO, 센터장 등 5명으로 구성된 관리위원회는 혁신
센터의 최고 관리팀이다. 혁신센터에서는 기업의 각 업무부서
및 외부 사용자들이 제공한 아이디어를 수집, 정리하고 선별 과
정을 거친 뒤 기업 내부의 혁신 플랫폼에 그 결과를 발표한다.

그다음 직원들의 투표 절차를 진행한 후, 관리위원회가 실행 가능한 프로젝트를 선택하고 마지막에 다시 한번 직원들의 평가 절차를 마친다.

선정된 프로젝트가 혁신센터에서 시작되면 아이디어는 실행 가능한 제품이 되어 상용화 수준에 도달한다. 그 후 해당 프로젝트는 현장의 업무 플랫폼으로 이전된다. 이러한 절차로 인해 혁신센터는 텐센트 내부에서 '혁신 인큐베이터'로 불린다.

혁신센터의 기술팀은 끊임없이 발전하고 있다. 혁신센터에서의 업무 부화 및 성숙과 더불어 프로젝트를 따라 인력들이 부서를 옮겨다니고 신진 인력들은 끊임없이 충원된다. 이러한 과정으로 인해 혁신센터는 줄곧 활력이 넘쳤고, 전문적인 기술 인력을 적절한 분야에 유용하게 배치할 수 있었다.

현재 '혁신'이라는 단어는 전사적으로 큰 인기를 누리고 있다. 2006년, 텐센트는 그룹 내에서 혁신대회를 개최하기 시작했고, 나중에는 100만 위안에 달하는 거액의 혁신 기금을 설립했다. 대형 프로젝트의 경우, 20만 위안의 포상금을 받을 수 있다. 대외적으로는 사이트를 별도로 만들어 사용자들의 의견을 수렴하고, 전국적인 대학교 혁신대회를 조직하였으며 일부 대학교에 혁신 동아리를 설립했다.

텐센트는 이미 상당한 규모를 갖춘 연구 개발 체계를 형성하였고 연구 개발 예산도 증가 추세를 보이고 있다. 2006년, 텐센트의 연구 개발 비용은 2.97억 위안으로 기업 매출액의 10퍼센트 이상을 차지했으며 2005년의 1.63억 위안에 비해 85퍼센트 증가했다. 또한 마이크로소프트, 구글, 야후, 이베이(eBay) 및 중국 내 유수의 기업으로부터 우수한 연구 개발자들을 스카우트하여 텐센트의 기술력을 한층 향상시켰다. 슝밍화는 텐센트를 3~5년 사이에 연구 개발 면에서 진정으로 세계적인 인터넷 업체로 만들 계획이라는 것을 밝혔다.

마화텅은 "우리는 향후 3~5년 내에 텐센트 제품을 지원하기 위한 핵심 기술을 비축해야 한다."라고 말하였다.

특허 전략

OICQ의 권리 침해로 고배를 마신 적이 있는 마화텅은 같은 착오를 범하지 않으려고 결심했다. 그는 자신의 이익을 보호하는 법을 배우며 법률 무기를 갖추었다. 2003년 초, 텐센트는 법무부를 하나의 독립적인 부서로 설립했다.

텐센트는 신규 제품을 위하여 도메인, 상표, 판권, 특허, 상업 비밀 등을 아우르는 지적재산권 보호 시스템을 구축했다. 이 시스템은 일체 기술과 제품의 연구 개발 프로젝트의 입안 초기부터 적용되어 맞춤형 지적재산권 보호 정책을 수립했다.

텐센트는 권리 보호를 위한 입체화 대책을 수립하며 지적재산권 복합 보호 전략에 온 힘을 다하였다. 전략의 구체적인 내용으로는 다음과 같은 세 가지 조치가 포함된다.

첫째, '판권+상표권'이다. 2000년, 텐센트는 펭귄 카툰 캐릭터를 디자인하여 광고 모델로 사용했다. 텐센트는 이 카툰 캐릭터에 대한 판권 등록을 마쳤을 뿐만 아니라 전 유형 상표 등록 보호 작업도 진행했다. 상표 보호 분야에서 텐센트는 핵심 상표에 대한 전 유형 등록 보호를 진행했다. QQ와 펭귄 카툰 캐릭터는 텐센트사의 유명 상표이다. QQ 상표는 사용자의 확장과 더불어 수억 명의 네티즌들의 채팅 브랜드로 인기를 누리고 있다. 텐센트는 기업명, 기업 도메인, 소프트웨어 명칭을 보호하기 위하

마화텅과 텐센트 제국

여 상표 등록을 진행했을 뿐만 아니라 'Q human, Q life' 등 유명한 광고문에 대해서도 상표 등록을 마쳤고 방어형 상표를 출원하고 등록하기도 했다.

둘째, '판권+상업비밀 보호'이다. 소프트웨어 코드, 디자인 설계도 등 이미 창작한 작품에 대해서는 항상 상세한 상업비밀 보호조치를 빈틈없이 취했다.

셋째, '판권+특허 보호'이다. 특허 보호 면에서 텐센트는 특허 관리 데이터베이스 시스템과 특허 출원 프로젝트 추적 시스템을 구축하고 연동시킴으로써 특허 출원의 일련의 전산화 프로세스와 관리를 실행한다.

또한 방어형의 국내 특허 출원을 추진하면서 텐센트사는 초기부터 해외시장으로 눈길을 돌려 미국, 한국 등 인터넷이 발달한 국가와 지역에서도 특허를 출원했다.

여러 해 동안 마화텅의 경쟁력은 '일을 서두르지 않고 느긋하게 처리하면 좋은 결과가 나온다.'는 점진적 혁명에 대한 확고한 신념에 있다. 설립 후 무려 6년 동안이나 업계 내에서 과소평가되었던 텐센트는 조용히 7억 명 이상의 등록 사용자를 보유하고

300여 가지의 제품을 선보였다. 이러한 시점에서 마화텅은 실시간 통신, 개인 블로그, 동영상, 뮤직 등 다양한 기능을 일체화시켜 '진정한 Web 2.0 커뮤니티'를 구축할 위대한 목표를 구상하고 있다. 이제 누가 마화텅의 새로운 벤치마킹 목표가 될 것인지 주목된다.

● 마화텅과 텐센트의 끊임없는 도전

마화텅과 텐센트의 도전은 끝이 없다. 2016년 1월 미국 라스베이거스에서 열린 세계 최대 IT(정보기술) 전시회인 'CES(Consumer Electronic Show) 2016' 개막 전날, 텐센트(Tencent)는 드론을 선보였다. 이 드론은 텐센트가 중국계 드론 개발 업체인 제로테크(Zerotech)와 공동으로 개발한 것으로 드론 시장에 처음 진출하는 제품이었다. 또한 이 드론은 스마트폰으로 조작이 가능하며 위챗을 통해 영상 정보를 공유할 수도 있다. 이러한 마화텅과 텐센트의 새로운 도전은 텐센트의 마스코트 펭귄에 빗대어 '펭귄이 날아올랐다.'라고 표현되기도 했다.

마화텅과 텐센트 제국